Gespräche mit Erzengel Michael, Band 2

AF287597

Wir möchten den Leser mit diesem Buch in seinem Bewusstwerdungsprozess unterstützen. Dieses Buch soll ihn informieren und inspirieren. Der Autor und der Verlag können für keinerlei Verluste oder Schäden verantwortlich oder schadensersatzpflichtig gemacht werden, die irgendjemandem direkt oder indirekt durch die in diesem Buch enthaltenen Informationen entstehen.

© Natara Jörg Loskant-Heim

© Kamasha Verlag

Dietershaner Str. 29
36039 Fulda
Tel.: +49 (0) 661/38 000-240
Fax: +49 (0) 661/38 000-249
www.kamasha.de

Originalausgabe vom März 2004
7. überarbeitete Auflage, März 2013

Umschlaggestaltung: Uta Kessler, Wiesbaden
unter Verwendung des Erzengel Michael Bildes von © Ivoi, Bad Kreuznach
Illustration (S. 175): © Philip Asharo von Ehren
Satz: Kamasha Verlag
Druck: Druckerei Sonnenschein, Hersbruck

ISBN 978-3-936767-12-4

Für dieses Buch wurde ausschließlich Papier verwendet,
das nicht aus dem Regenwald stammt.

Gespräche mit Erzengel Michael

Band 2

Kamasha Verlag

„Glückseligkeit im Herzen zu leben
ist der Beginn von Frieden auf Erden."

Vorwort

Das Wissen in diesem Buch ist immer noch so aktuell wie in 2004, als es zum ersten Mal erschienen ist. Erzengel Michael beschreibt, wie wichtig es ist, dass jeder Mensch in seine Verantwortung kommt und wie wichtig dieser Schritt ist für Mutter Erde.

Mit der Kraft der Gedanken ist alles möglich, und senden wir Liebe aus, bekommen wir Liebe zurück.

Die Klima-Diskussionen sind in dieser Zeit voll im Gange. Kein Mensch kann sich mehr entziehen und er darf endlich aufwachen, um eine Erde voller Würde und Liebe zu manifestieren. Erzengel Michael gibt in diesem Band sehr viele Hinweise, wie die Klimaveränderung zu stoppen ist. Traue dich, dein Herz für dein Leben zu öffnen.

Möge die Heilung in jedem Lebewesen jetzt geschehen.

In Liebe und Dankbarkeit,
Natara Jörg Loskant-Heim
Fulda, März 2013

Danksagung von Natara

Liebe Leserin, lieber Leser,

ein wundervoller Prozess ist seit der Veröffentlichung des Buches „Gespräche mit Erzengel Michael", Band 1 in Gang gekommen.

Ich war sehr erfreut und überrascht über die vielen positiven Rückmeldungen und über die Ermutigungen, weiter das Wissen von Erzengel Michael auf die Erde zu bringen.

Das zweite Buch „Gespräche mit Erzengel Michael" ist eine große Herausforderung für alle Menschen, denn das darin enthaltene Wissen kann mit dem Verstand kaum mehr nachvollzogen werden. Doch wer sein Herz öffnet, wird die Botschaften aus der geistigen Welt begreifen und verstehen.

Ich wünsche mir, dass sich überall in der Welt Menschen in Gruppen treffen, um die von Erzengel Michael gegebenen Meditationen und Übungen gemeinsam zu verwirklichen. Denn das Leben ist jetzt – in diesem Augenblick!

Ich danke dem wundervollen Erzengel Michael für seine Liebe und Begleitung und die unermessliche Klarheit, die er uns Menschen und der Welt gibt.

Inhaltsverzeichnis

Das Wasser

Botschaft vom 11. März und 8. Juli 2003

Ich grüße euer Herz!

Das Bewusstsein von Erzengel Michael ist mit euch.

Dieses Buch „Gespräche mit Erzengel Michael Band 2", wird noch viel mehr Menschen erreichen, die darin enthaltenen Botschaften werden noch viel tiefer gehen als beim ersten Band.

Erzengel Michael dankt euch für euren Mut und eure Schönheit, die ihr dadurch manifestiert, dass ihr hier zusammenkommt. Ohne euch könnte das Buch nicht entstehen. Es ist sehr wichtig, dass ihr den Mut habt, für das Licht zu leben – für das Licht, aber auch für die Liebe zu euch und für die Liebe zu allen Lebewesen.

FRAGE: Danke für deine Worte, Michael. Du bedankst dich immer wieder bei uns für unseren Mut. Kannst du uns sagen, warum?

MICHAEL: Es gehört sehr viel Mut dazu, um dieses Wissen, das ich euch gebe, in die Welt zu bringen. Ich bedanke mich dafür, dass ihr diesen Mut habt.

Und nun sprechen wir vom Wasser.

Ohne Wasser ist Leben auf dem Planeten Erde nicht möglich.

Alles, was entstanden ist auf eurem Planeten Erde, entstand durch das Wasser. Alles.

Euer Körper besteht zu 80 Prozent aus Wasser. Jede Zelle besteht aus Wasser und schwimmt im Wasser.

Das Bewusstsein des Wassers ist die Urschwingung in jeder Zelle von euch. Es ist so wichtig: Wenn euer Bewusstsein klar ist, ist auch das Bewusstsein des Wassers klar. Es ist wichtig, dass ihr erkennt, dass die ständige Bewegung des Wassers auch in euch selbst schwingt. Immer!

Wasser ist in einem ständigen Fluss, in einer ständigen Veränderung, in einer ständigen Transformation.

Diese ungeheure Verschmutzung der Meere – sie spiegelt sich in eurem Zellwasser, denn ihr seid damit verbunden. Es ist so wichtig, dass ihr darauf achtet, dass die Verschmutzung der Meere, der Erde – und damit auch euer Zellwasser – wieder ins Licht transformiert wird!

Mit jedem lichtvollen Gedanken von euch verändert sich auch der Zustand des gesamten Wassers in euch – und mit dieser Information auch der Zustand der Erde. Mit jedem Gedanken, mit jedem Wort!

Überlegt euch dieses Ausmaß! Wenn all eure Worte in liebevoller Weise und all eure Gedanken in liebevoller Art geformt wären - welches Paradies hättet ihr dann jetzt schon auf der Erde ... Wasser ist der Beginn allen Lebens.

Ihr entsteht im Wasser! Neun Monate lang seid ihr im Wasser, im Fruchtwasser des Mutterleibes. Und dieses Fruchtwasser enthält die Informationen aller Meere.

Überlegt euch dieses Ausmaß, wenn alle Meere in ihrer Schönheit wieder strahlen könnten ... Überlegt euch dieses Ausmaß, wenn die grenzenlose Freude in euch sich in allen Meeren widerspiegeln würde. Das wäre ein wundervolles Fest!

Wasser ist der Hauptinformationsträger für Energie - für kosmische Energie, aber auch für irdische Energie.

Und deshalb geht mit eurem Wasser bewusst um. Denn alles, was mit der Erde geschieht, geschieht auch mit dem Wasser - und das speichert sich in euren Zellen. Alles!

Sämtliche Medikamente und Chemikalien, die ins Grundwasser übergehen, nehmt ihr wieder auf, wenn das Wasser nicht gereinigt ist. So viele Frauen nehmen die

Verhütungspille. Die Wirkstoffe gehen bei der Ausscheidung in das Grundwasser. Und dadurch ist das Grundwasser voller Hormone. Nehmt ihr ungereinigtes - das heißt nicht energetisiertes - Wasser zu euch, dann nehmt ihr damit auch wieder diese Wirkstoffe auf - sowohl Frauen als auch Männer. Überlegt euch dieses Ausmaß! Es ist ein verhängnisvoller Kreislauf. Und das ist auch der Grund, dass so viele Männer in eurer Welt, in eurer Zeit unfruchtbar sind. Seid euch deshalb sehr bewusst, was ihr zu euch nehmt.

FRAGE: Was du da sagst, bringt mich jetzt in einen großen Zwiespalt. Ich brauche wegen einer Operation seit Jahren ein Hormonpräparat. Das habe ich abgesetzt und die Hormon-Essenz genommen. Die körperlichen und physischen Reaktionen waren ziemlich heftig, das ging von Weinkrämpfen bis zu Schwächezuständen. Ich habe die Tabletten wieder eingenommen, um überhaupt funktionsfähig zu sein. Was kann ich da tun?

MICHAEL: Dieses Weinen ist eine physische und psychische Reaktion auf die Hormon-Essenz. Sie bewirkt, dass die Hormone wieder frei fließen. Es hat ein Heilungsprozess eingesetzt. Deshalb sind Reaktionen wie Weinen sehr wichtig.

Reduziere die Hormontabletten ganz allmählich. Verringere die Dosis alle 21 Tage; nimm immer nach 21 Tagen etwas weniger von dem Medikament. Dieser Rhythmus von 21 Tagen ist sehr wichtig. Nimm zusätzlich die Hormon-Essenz. Dann wirst du die Tabletten irgendwann gar nicht mehr brauchen.

Wichtig ist, langsam zu reduzieren. Dein Körper ist so lange an das Medikament gewöhnt - so lange. Mache die Entwöhnung ganz langsam. Körper und Psyche setzen sich mit den jeweiligen Themen auseinander. Das erscheint wie eine Verschlimmerung. Es ist jedoch eine positive Reaktion - immer! Sie zeigt, dass der Körper und die Psyche das Thema bearbeiten.

Du kannst den Hormonfluss auch beeinflussen durch reines Wasser. Trinke sehr viel gereinigtes Wasser. Trinke bis zu fünf Liter pro Tag. Reines Wasser bringt die Zellen zum Leuchten.

FRAGE: Wie ist das eigentlich mit den Selbstreinigungskräften des Wassers - beim Fließen durch Wald, Erde, Steine oder durch den Einfluss der Sonne reinigt sich das Wasser. Funktioniert das zurzeit überhaupt noch?

MICHAEL: Das ist immer noch möglich ...

Doch bedenkt: Alle Gifte gehen in das Grundwasser und von dort in die Meere. Wenn die Meere verdrecken, trägt das Meerwasser diese energetische Information der Verschmutzung. Da ihr ebenfalls zu 80 Prozent aus Wasser besteht, da alles Leben aus dem Meer kommt, teilen sich diese energetischen Informationen der Verschmutzungen und Zerstörungen der Meere auch dem Wasser eurer Zellen mit.

Ihr seht: Die Zerstörung der Meere bedeutet auch Zerstörung eurer Zellen, denn was immer auch geschieht auf der Erde, ihr seid eins mit ihr.

Wasser ist in ständiger Bewegung. Es ist immer in der Schwingung. Immer. Und so ist auch das Wasser eurer Zellen immer in Bewegung, immer in der Schwingung.

Ihr müsst bedenken: Wenn das Meerwasser, das die Erdteile umgibt, eine falsche Frequenz hat, so hat auch euer Zellwasser eine falsche Frequenz. Je mehr die Meere verdreckt und zerstört werden, umso höher – und damit umso falscher – sind diese Frequenzen.

Für die Meere und für die Menschen bedeutet das: Sie sind unausgeglichen. Die Menschen erleiden Depressionen und Krebs. Viele psychotische Erkrankungen kommen von dieser Unreinheit der Meere, die auch eure Zellen verschmutzt.

Und deshalb ist es so wichtig, dass ihr beginnt, euer Zellwasser zu reinigen – euer Zellwasser und das Meerwasser. Nur so könnt ihr euer Potenzial leben.

Über das Wasser könnt ihr die größte Liebe weitergeben, aber auch die größten Manipulationen. Doch glaubt mir: Die Liebe ist immer stärker.

Gibt es dazu noch Fragen?

FRAGE: Du sagst, die weitreichendsten Manipulationen geschehen über das Wasser. Bei uns werden dem Wasser viele Chemikalien zugegeben, zum Beispiel Chlor - oder auch Fluor, das angeblich gut sein soll für die Menschen. Wir wissen inzwischen, dass Chlor körperliche und auch seelische Erkrankungen hervorrufen kann. Was genau bewirken diese Zusätze bei den Menschen? Was wird mit dem Wasser alles gemacht - durch welche Informationen beziehungsweise Manipulationen werden die Menschen beeinflusst? Wie wird über das Wasser Macht ausgeübt auf die Menschen?

MICHAEL: Einmal über die hochfrequenten Strahlen des H.A.A.R.P.-Projekts.

FRAGE: Kannst du uns erklären, was das H.A.A.R.P.-Projekt genau ist?

MICHAEL: Das H.A.A.R.P.-Projekt ist eine Frequenz-Maschine. Diese Maschine wurde von der NASA gebaut, um zu testen, wie energetische Frequenzen sich auf die Erde auswirken. Man hat herausgefunden, dass Wasser der beste Leiter, der beste Multiplikator ist. Und diese energetischen Frequenzen des H.A.A.R.P.-Projekts beeinflussen das Zellsystem der Menschen - und sie beeinflussen das Wetter ebenso wie die Zerstörungsprozesse auf der Erde.

Diese Maschine braucht nur auf einen Atlas gestellt zu werden, dann beeinflussen und manipulieren die Frequenzen das betreffende Land und seine Menschen. Sie wird bereits seit dem Zweiten Weltkrieg eingesetzt. Der

Golfkrieg 1991 und der Irak-Krieg 2003 geschahen überwiegend durch energetische Frequenzen.

FRAGE: Ist etwa auch das Hochwasser in Ostdeutschland durch diese Maschine entstanden?

MICHAEL: Ja, so ist es. Und auch das Abregnen der Wolken in Tschernobyl wurde auf diese Weise manipuliert. Jede Regierung möchte diese Maschine haben - das Wetter, die Ernten, alles kann durch sie beeinflusst werden. Die Regierungen wollen sich an dem H.A.A.R.P.-Projekt beteiligen, um ihre Macht zu erweitern.

FRAGE: Wie viele dieser Maschinen gibt es?

MICHAEL: Weltweit zwölf.

FRAGE: Hat das etwas mit den zwölf Erd-Chakren zu tun? Und sollen wir deshalb die zwölf Heilzentren auf der Erde errichten?

MICHAEL: Ja. Diese Heilzentren sollen ein energetischer Ausgleich sein, ein Gegenpol.

Es gibt Bücher über das H.A.A.R.P.-Projekt. Bücher, die die Menschen informieren und wachrütteln sollen. Kauft sie euch und lest sie! Das ist sehr wichtig.

Doch habt keine Angst. Es geht der geistigen Welt nicht darum, Ängste zu schüren. Es geht darum, dass dieses Wissen möglichst viele Menschen erreicht. Die Menschen sollen wissen, warum es Tage gibt, an denen es so vielen von ihnen schlecht geht, warum es Tage gibt, an denen die

Hälfte der Menschheit an Kopfschmerzen leidet.

FRAGE: Kann es sein, dass gerade in diesen letzten Monaten sehr viele dieser Tests liefen? Es gab so viele ungewöhnliche Wetterverhältnisse, und viele Menschen fühlten sich unwohl und krank.

MICHAEL: Es laufen sehr viele Frequenz-Manipulationen. Sehr, sehr viele.

ANTWORT: Ich finde es wichtig zu erwähnen, dass wir - wir Menschen, jeder Einzelne von uns - die Macht über unser Leben selbst in der Hand haben. Wir sind die Schöpfer unseres Lebens, wir können einen Gegenpol bilden zu diesen Machenschaften. Ich fühle, dass bei mir im Gespräch mit Menschen oft richtige Wut aufkommt. Aber ich bin fest davon überzeugt, dass gerade diese Wut eine Kraft ist, die umgeleitet werden kann in positive Energie. Und ich weiß, dass wir alles bewirken können, wenn wir es nur wollen.

MICHAEL: Ja. Alle Menschen können das. Und wenn ihr Menschen euch wirklich aufgerufen fühlt, etwas zu tun, dann schließt euch zusammen. In der Gemeinschaft könnt ihr noch viel mehr erreichen, seid ihr noch viel stärker. Nutzt diese eure Kraft. Das ist ein wichtiger Schritt für die Erde und für alle Lebewesen.

FRAGE: Du hast gesagt, wir sollen unsere Zellen reinigen. Wie können wir das tun?

MICHAEL: Euer Zellwasser zu reinigen heißt, nur energetisiertes Wasser zu euch zu nehmen. Ihr besteht zu 80 Prozent aus Wasser. Es ist so wertvoll für euch.

FRAGE: Ich denke gerade daran, dass die Mayas Altäre bauten als Dank für die Wasser-Devas. Das könnten wir doch auch tun. Wie sollte ein solcher Altar aussehen?

MICHAEL: Nehmt ein goldenes Gefäß oder ein silbernes Gefäß, das vergoldet ist. Und gebt Amethyste in das Gefäß. Kleine Gegenstände genügen, es sind ja lediglich Symbole. Und nehmt wundervolle Blumen mit dazu! Es ist wunderbar, wenn ihr das goldene Gefäß immer mit Wasser füllt. Tut das, ehrt damit die Wasser-Devas.

Und energetisiert das Wasser mit Goldblättchen. Auch in euren Zellen ist Gold gespeichert - ihr könnt sie reinigen, wenn ihr euer Trinkwasser mit den Informationen des Goldes anreichert.

FRAGE: Können wir uns dazu Blattgold besorgen und Partikel davon in das Wasser geben? Sollen wir diese Partikel ständig erneuern, oder genügt es, das Wasser abzugießen und das Gold immer wieder zu verwenden?

MICHAEL: Ja, ihr könnt die Goldpartikel immer wieder verwenden. Es reicht, einmal ein Goldblättchen in das Wasser zu geben. Aber es ist sehr wichtig, dass es reines Gold ist.

Ihr könnt das Wasser außerdem anreichern mit Edelsteinen.

FRAGE: Mit welchen Edelsteinen?

MICHAEL: Nehmt dazu den Amethyst, den Bergkristall und den Rosenquarz. Mit der Kraft dieser Steine reinigt und stärkt ihr das Wasser - und dadurch auch eure Zellen.

FRAGE: Es heißt doch aber, man soll keine Edelsteine und Mineralien mehr kaufen, weil sie der Erde gewaltsam entnommen werden ...

MICHAEL: Es sind so viele Steine da, die bereits gelöst sind von der Erde. Wenn ihr diese Steine verwendet für die Stärkung eurer Zellen, dann habt ihr unseren Schutz dafür.

FRAGE: Ich möchte nochmal zurückkommen zu den Manipulationen über das Wasser. Wie genau geschieht das?

MICHAEL: Es geschieht dadurch, wie mit dem Wasser umgegangen wird, auf welchen Wegen es zu euch kommt. Chlorwasser zerstört eure Darmzellen. Chemische Zusätze schaden eurem Körper. Das Wasser kommt zu euch durch Metallrohre. Diese Rohre töten das Wasser ab.

FRAGE: Aber Metall ist doch auch ein Produkt aus der Erde. Wieso tötet es das Wasser ab?

MICHAEL: Es sind die vielen Strommasten um euch. Die Rohre ziehen den Strom an sich. Das Wasser leitet ihn weiter. Auch die schädlichen Energien der Handy-Masten fließen durch das Wasser. Es ist völlig elektrisiert, bis es zu euch kommt.

Dazu noch das Metall, das ihr in euren Zähnen habt ...
All diese Dinge gehen Verbindungen ein. Und so zerstören sie eure Zellen.

Es ist also sehr wichtig, alles Wasser zu reinigen. Alles Wasser, das ihr nehmt, sollt ihr reinigen. Das Wasser zum Kochen, zum Waschen oder zur Körperreinigung. Mit Strom aufgeladenes Wasser zerstört eure Aura.

Wasser ist der Hauptenergieträger auf der Erde. Wenn das Wasser so sehr verdreckt, so sehr vergiftet wird, entzieht ihr den Wesen, die in dieser Materie existieren, immer mehr Lebensraum.

Macht es euch wirklich bewusst: Damit wird auch der Lebensraum der Menschen immer enger!

Wenn ihr euer Zellwasser reinigt, wenn ihr es heilt, dann reinigt und heilt ihr auch einen Teil der Meere. Immer mehr und immer mehr. Das ist die Resonanz. Wenn ihr euch wohl fühlt auf der Erde, dann fühlt auch die Erde sich mit euch wohl.

Das ist es, was so viele Menschen jetzt, im Zeitalter des Wassermanns, erleben und begreifen: Es kann den Menschen und allen anderen Lebewesen nur dann gut gehen, wenn es der Erde und dem Wasser gut geht.

Wichtig ist auch, dass ihr euch gedanklich mit dem Wasser verbindet. Bittet immer um Reinigung und Schutz.

Ihr werdet es erleben: Wenn ihr alle in dieses Bewusstsein kommt und verantwortungsvoll und behutsam umgeht mit den Schätzen der Erde, dann wird auch die Erde liebevoll mit euch umgehen.

Denkt darüber nach: Alle Atomtests, die auf der Erde und in den Meeren stattgefunden haben, sind in euren Zellen und in euren Chakren gespeichert. Und mit jedem Erdbeben bröckelt euer erstes Chakra in euch.

FRAGE: Von allen Menschen? Und es ist gleich, auf welchem Teil der Erde das Erdbeben ist?

MICHAEL: Ja, von allen Menschen. Bei jedem Erdbeben.

FRAGE: Aber es gibt doch täglich irgendwo auf der Erde größere und kleinere Beben - immerzu! Der Kern der Erde ist doch ständig in Bewegung! Es kann doch nicht sein, dass das jedes Mal den Menschen schadet?

MICHAEL: Es gibt Unterschiede. Wenn die Erdbeben künstlich ausgelöst wurden, wenn vorher Explosionen stattgefunden haben, wenn die Erde systematisch zerstört wird, dann hat das Auswirkungen auf die Menschen. Dann werden die Menschen geschädigt. Und dieses Wissen muss auf die Erde und den Menschen mitgeteilt werden.

ANTWORT: Ich glaube, viele Menschen werden Angst bekommen, wenn sie das lesen. Sie werden sich fragen, was sie tun können, um das erste Chakra wieder zu heilen.

MICHAEL: Es ist sehr wichtig, dass ihr euch immer bewusster werdet, wie sehr ihr ein Teil der Erde seid – wie sehr ihr in der Einheit seid mit der Erde.

Habt keine Angst. Ich gebe euch ein Mantra, das euch heilt. Sprecht 21 Tage lang täglich neun Mal: OM NATIKA. Es bedeutet: Alles Leben ist in der Einheit. Und ich gebe euch ein Symbol. Die Menschen können sich darauf setzen. So wird euer erstes Chakra wieder heil.

FRAGE: ... und die Essenz „1. Chakra" kann das unterstützen?

MICHAEL: Ja. Doch sprecht dieses Mantra. Auch wenn ihr euch in einem Erdbebengebiet befindet und eines erlebt, dann sprecht OM NATIKA.

FRAGE: Wie können wir Kinder schützen, die noch nicht sprechen können?

MICHAEL: Dann sprecht es für sie. Nehmt ihr Foto in die linke Hand und sprecht das Mantra.

FRAGE: Zurück zu unserem Thema Wasser: Ist denn alles stehende Wasser totes Wasser? Auch Pfützen, Tümpel oder Teiche?

MICHAEL: Nein. Hier geht es ja um Gift, um die Chemikalien, mit denen Gewässer verseucht werden. Doch auch wenn das Wasser tot ist, leitet es. In ihm sind die Informationen der giftigen Substanzen und des Todes.

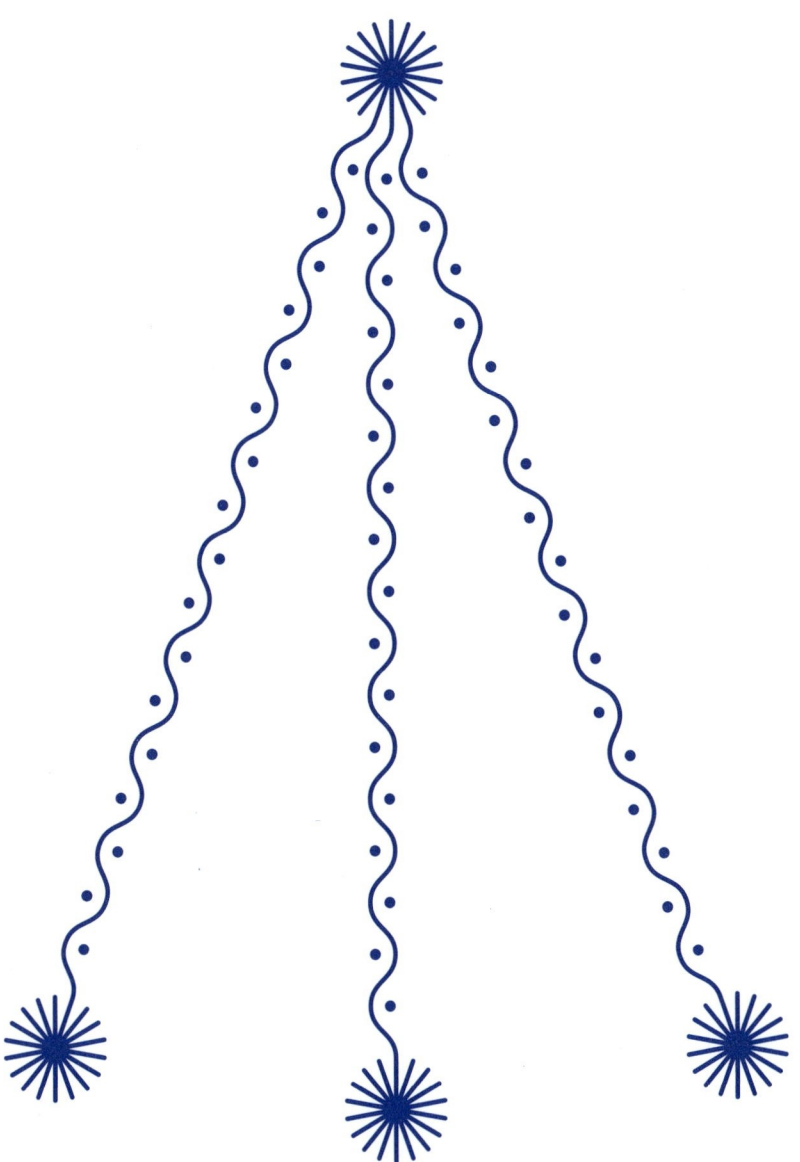

Das Symbol für die Heilung des ersten Chakras - OM NATIKA

FRAGE: Wie ist das eigentlich mit den Pflanzenschutz-Mitteln?

MICHAEL: Auch sie verseuchen die Erde und das Wasser, wenn sie chemisch hergestellt sind.

FRAGE: Kannst du uns ein Spezialrezept geben als Schutz für die Pflanzen und gegen Schädlinge?

MICHAEL: Mische die Essenzen „Delphin", „Erde" und „Metall" zu jeweils sieben Tropfen.

FRAGE: ... auf einen Liter?

MICHAEL: Das ist egal.

FRAGE: Sollen wir bei dieser Pflege der Pflanzen auch die Mondphasen beachten?

MICHAEL: Das könnt ihr.

FRAGE: Zurzeit gibt es immer mehr Presseveröffentlichungen, in denen auf den Zustand des Wassers hingewiesen und vor weiterem Missbrauch gewarnt wird. Heißt das, die Menschen denken langsam um? Wie können wir dieses Umdenken verstärken?

MICHAEL: Die Informationen aus der geistigen Welt, die wir der Erde durch zahlreiche Medien schenken, wird die Menschen zum Umdenken bringen.

FRAGE: Es wird auch immer mehr berichtet über Schutzmaßnahmen für Wale und Delphine. Können wir also hoffen ...?

MICHAEL: Auch dieses Bewusstsein wird sich immer mehr verstärken, dass Wale und Delphine die am höchsten entwickelten Wesen auf der Erde sind. Wie Erzengel

Michael bereits im ersten Buch sagte: Die Energien dieser Wesen halten das Meer, sonst würde es sehr nass auf der Erde. Doch es finden bereits Frequenz-Tests auf dem offenen Meer statt. Durch sie entstehen 30, 40, 50 Meter hohe Wellen.

So viele Lebewesen in den Meeren, so viele Wale und Delphine werden dadurch verletzt und getötet! Überlegt euch dieses Ausmaß!

FRAGE: Es gibt auch Berichte darüber, dass der Grundwasser-spiegel stark gesunken ist. Stimmt das?

MICHAEL: Er ist sehr stark gesunken, weil so viele Flächen auf eurer Erde zugebaut werden durch Straßen, durch Plätze, durch Häuser. Sie sind versiegelt, und dadurch kann das Wasser des Regens und des Schnees nicht mehr richtig in den Boden der Erde einsickern. Es strömt in Bäche, Flüsse, Seen und Meere. Es entsteht ein Missverhältnis: Das Wasser eures Planeten ist immer gleich viel, doch das Grundwasser sinkt, und das Wasser sammelt sich in den Meeren und in den Wolken. Und so nimmt die Verschmutzung des Grundwassers immer größere Dimensionen an.

FRAGE: Gibt es denn wirklich keine Möglichkeit, den Nationen, die so sehr die Umwelt verschmutzen, Einhalt zu gebieten? Man hält das ja fast nicht mehr aus. Wird sich denn gar nichts ändern?

MICHAEL: Im Jahre 2004 wird sich etwas ändern.

Doch auch viele eurer Produkte tragen zur Zerstörung der Erde bei; beispielsweise durch das Symbol, das Produkte tragen, die recyclefähig sind. Dieses Symbol hat die falsche Drehrichtung. Diese Schwingung verändert die Produkte. Sie tragen bei zur Schwächung der Menschen.

Alles ist ständig in Bewegung, ist ständig in Schwingung. Alle Nahrungsmittel enthalten Wasser. Durch dieses Symbol, durch seine falsche Drehrichtung, verändert sich die Struktur des Wassers und damit auch der Produkte, die mit diesem Zeichen versehen sind, Gebrauchsgegenstände ebenso wie Lebensmittel.

FRAGE: Ist das etwa so gewollt von den Herstellern dieses Symbols - die Menschen zu schwächen, ihnen zu schaden?

MICHAEL: Ja.

FRAGE: Das ist ja unglaublich! Was wird mit uns gemacht?

MICHAEL: Es ist auch so mit den Scan-Zeichen auf den Produkten oder den Kassenzetteln. Auch sie schwächen und schaden euch.

FRAGE: Du hast uns ja einmal gesagt, wir sollen die Scan-Zeichen mit einem grünen Stift durchstreichen. Sollen wir das grundsätzlich tun?

MICHAEL: Ja. Auf allen Lebensmitteln und auch auf allen anderen Produkten.

FRAGE: Es ist so schlimm, was da geschieht auf der Erde. Unter den Menschen ist immer mehr Unsicherheit und Angst. Viele haben fast keine Hoffnung mehr wegen der Macht, der Gewalt und der Brutalität unter den Menschen, wegen der vielen Zerstörungen auf der Erde. Sie sind mutlos und möchten am liebsten von der Erde gehen. Was können wir solchen Menschen sagen? Wie können wir sie ermutigen?

MICHAEL: Ihr bekommt alle so viele Geschenke aus der geistigen Welt. Nutzt sie!

Wichtig ist, dass jeder Mensch die Verantwortung für sich selbst übernimmt – für sein Handeln, für sein Tun. Niemals darf er die Verantwortung abgeben!

Die Menschen werden spüren, dass die Liebe das Höchste ist, wenn alles das, was nicht in Liebe ist, zusammenbricht. Dazu braucht es die Eigenverantwortung: Das JA des Menschen zu sich selbst und das JA zum Leben. Das ist der Weg: dass ihr wirklich von eurem Herzen her handelt und dass ihr in allem die Schönheit seht.

Alles, was nicht in Liebe ist, bricht in dieser Zeit des Wassermann-Zeitalters in eurem System zusammen. Deshalb seid euch bewusst: Wenn ihr den Weg des Herzens geht, dann kommt immer mehr Klarheit und ein immer höheres Bewusstsein für die Liebe auf die Erde. Deshalb ist es so wichtig: Wenn du dir selbst vertraust, dann vertraust du Gott.

FRAGE: Es ist doch aber für viele Menschen so unglaublich schwierig, sich selbst zu vertrauen ...

MICHAEL: Ja - weil sie nicht die Verantwortung für sich selbst übernehmen! Weil sie sie immer noch abgeben - an irgendwelche Religionen, an irgendwelche Politiker oder Vorgesetzte oder Partner ... Jeder Mensch ist für sein Handeln selbst verantwortlich!

Spürt in eurem Herzen nach, was für euch richtig oder falsch ist. Handelt danach und tragt für euer Handeln die Verantwortung. Es ist jetzt an der Zeit, dass jeder Mensch die Verantwortung für sich selbst übernimmt.

Und dann kommt die Liebe. Dann braucht niemand mehr zu verhungern auf eurem Planeten Erde. Niemals mehr.

Das könnt ihr wirklich den Menschen sagen: Übernehmt die Verantwortung, trefft Entscheidungen! Wenn sie etwas verändern wollen in ihrem Leben, dann können sie beten. Damit können sie große Dinge verändern.

Wenn Menschen zusammenkommen, um zu meditieren oder um zu beten, dann entsteht ein Energiefeld. Die Schwingungen dieses Energiefeldes gehen über in das Kollektiv-Bewusstsein. So könnt ihr vieles verändern.

Die bedingungslose Liebe des Herzens kann alle Grenzen sprengen - alle. Und das ist der Weg für die neue Zeit auf der Erde. Warum seid ihr hier, zusammen mit Erzengel Michael? Weil ihr dem Ruf eures Herzens gefolgt seid!

Das ist die Verbindung – nur so geht es.

FRAGE: Aber gerade in letzter Zeit habe ich oft das Gefühl, dass da Kräfte am Werk sind, die uns hindern wollen, dem Ruf unseres Herzens zu folgen. Es passieren Dinge, die sind einfach absurd – das geht von Autos, die plötzlich stehen bleiben, über Züge, die unerwartet nicht fahren, und Post, die nicht ankommt. Technische Geräte funktionieren plötzlich bei mir nicht mehr. Dauernd gibt es Missgeschicke, Missverständnisse und Fehlinformationen, alles geht drunter und drüber. Immer wieder werden Hürden aufgebaut, als ob alle möglichen Kräfte uns davon abhalten wollten, unseren Weg zu gehen! Man könnte darüber lachen und gleichzeitig heulen! Was ist das nur?

MICHAEL: Es geht wieder mal um das Resonanzgesetz. Ihr seid noch in eurem Körper. Je mehr Licht auf die Erde kommt, umso mehr versuchen andere Wesen, euch zu beeinflussen. Je mehr Licht ihr auf die Erde bringt, umso stärker wird die Energie des Lichtes. Da gibt es auch immer mehr Gegenangriffe ...

FRAGE: ... der Schattenwesen?

MICHAEL: Ja. Wenn du dagegen kämpfst, werden sie immer stärker. Wenn du akzeptierst, dass dieses andere Bewusstsein ebenfalls existiert – wenn du diesen Schattenwesen Liebe schickst, dann können sie dir niemals etwas blockieren. Das ist wichtig.

Das, was jetzt geschieht, ist ein Spiegel – der Spiegel eurer Gedanken und Gefühle. Mit der großen Bewusstseinsveränderung, die jetzt kommt in diesem Wassermann-

Zeitalter, kommt die Akzeptanz und damit die Integration. Wenn euer Bewusstsein integriert ist in die Liebe, dann wird es eins mit der Liebe. Und das ist wundervoll - und da geht es wieder hin.

FRAGE: Da spüre ich wieder einen Zwiespalt. Es gibt ja auch Ereignisse, die mich nicht direkt betreffen, und ich sehe trotzdem, dass da einiges nicht in Ordnung ist - auch wenn es fremde Menschen oder Institutionen tangiert, mit denen ich nichts zu tun habe. Heißt das jetzt, ich bin überempfindlich oder besonders nörglerisch - oder habe ich das Recht, dort zu sagen, was nicht in Ordnung ist?

MICHAEL: Spüre doch in dich hinein, warum du eine Resonanz damit hast! Und dann kannst du dort Liebe hinschicken!

FRAGE: Es heißt doch aber auch, man soll den Mut haben, Dinge anzusprechen, die nicht o.k. sind, um anderen die Möglichkeit zu geben, zu lernen ...?

MICHAEL: Ja, das ist wichtig. Aber wichtig ist es auch, zu trennen! Zu trennen, was du im Außen siehst und was du im Innen fühlst.

FRAGE: Wenn ich also einen Kritikpunkt sehe, der mich nicht ärgert oder kränkt - vielleicht eher sogar belustigt - ,aber meiner Meinung nach unbedingt angesprochen werden sollte ...

MICHAEL: ... dann ist es wichtig, es zu tun! Ja!

FRAGE: ... und wenn ich mich angegriffen fühle, wenn ich wütend werde - dann ist das meine persönliche Resonanz, mein Spiegel...?

MICHAEL: ... ja - und dann kannst du handeln und Liebe hinschicken. Das ist wichtig.

Seid euch immer wieder bewusst, dass ihr alles selbst kreieren könnt. Alles. Das ist der Weg: dass ihr miteinander auf der Erde den Frieden kreieren könnt; dass ihr miteinander ein reines Wasser kreieren könnt; dass ihr miteinander die Fülle für jeden Menschen kreieren könnt. Miteinander! Habt ihr dazu noch eine Frage?

FRAGE: Danke - direkt dazu jetzt nicht, aber wieder zum Thema Wasser. In letzter Zeit liest man immer mehr Berichte, dass Menschen aus allen Teilen der Erde Verfahrensweisen erfinden zur Reinigung des Wassers. Das sind Geräte oder andere technische Mittel, die ohne Chemie eingesetzt werden. Wie kommt das - und sind diese Instrumente auch o.k.?

MICHAEL: Immer mehr Menschen kommen in das Bewusstsein, wie wichtig reines Wasser für den Fortbestand der Erde ist. Sie finden Verfahrensweisen und Instrumente und geben ihre Erkenntnisse weiter an ihre Mitmenschen. Alles, was in Liebe und mit Achtung für die Erde zur Reinigung des Wassers geschaffen wird, geschieht mit der Hilfe aus der geistigen Welt.

FRAGE: Du hast oft wiederholt, dass wir klares Wasser trinken sollen. Viele Menschen trinken Tee oder Fruchtsäfte, weil das ja auch etwas Gutes ist. Aber Tee zum Beispiel ist ja ein Heilkraut, und wenn man davon zu viel trinkt, ist das ja auch nicht so gut. Kannst du uns dazu etwas sagen?

MICHAEL: Das ist die Wirkung des Wassers: Die Giftstoffe in den Zellen binden sich an das Wasser, um dann wieder ausgeschieden zu werden. Verunreinigtes Wasser hat nicht mehr die Kapazität, Verunreinigungen des Körpers aufzunehmen - es verunreinigt die Zellen nur noch mehr.

Deshalb ist es so wichtig, klares, reines Wasser zu trinken - ohne irgendwelche Blubberblasen! Denn auch mit dem Zusatz von Kohlensäure ist das Wasser schon stark besetzt und kann kaum noch schädliche Stoffe aus dem Körper ziehen. Und wenn ihr Blubberblasen trinkt, dann habt ihr Blubberblasen in der Aura ...! Es ist so - es ist wirklich so! Nehmt nur klares, gereinigtes Wasser zu euch.

FRAGE: Was ist besser - kaltes Wasser oder heißes Wasser?

MICHAEL: Das warme und das heiße Wasser ist sehr wichtig für die Zellen im Magen-Darm-Trakt.

Wenn ihr gekühltes Wasser zu euch nehmt, wird der Körper kalt - und damit erkalten auch die Organe. Deshalb trinkt kein Wasser aus dem Kühlschrank, sondern trinkt es temperiert.

Heißes Wasser regt die Verdauung an, es regt die Darmzellen zur Verarbeitung der Nahrung an. Dann bleiben auch längst nicht mehr so viele Giftstoffe im Darm hängen. Darum ist es für euch so wichtig, warmes oder heißes Wasser zu euch zu nehmen.

Heißes Wasser heißt, es muss abgekocht sein und soll heiß getrunken werden. Lasst das Wasser 12 Minuten lang kochen. Das ist die optimale Zeit, um von den Zellen des Magen-Darm-Traktes aufgenommen zu werden.

Trinkt das heiße Wasser in kleinen Schlucken - einen Liter, über den ganzen Tag verteilt.

FRAGE: Wie ist das eigentlich - es heißt, man soll direkt zum Essen kein Wasser trinken, sondern vorher und nachher, weil sonst die Verdauung beeinträchtigt wird. Welche Zeit sollte man da einhalten?

MICHAEL: Für die Verdauung ist es am besten, 12 Minuten vor dem Essen nichts mehr zu trinken und 12 Minuten nach dem Essen erst wieder Getränke zu sich zu nehmen. Euer Körper bräuchte über den Tag verteilt drei bis fünf Liter Wasser.

FRAGE: Ach je - so viel? Wie soll man das denn schaffen ...?!

MICHAEL: ... immer trinken ... immer trinken!

FRAGE: Es ist ja bekannt, dass Kaffee zum Beispiel mehr Wasser aus dem Körper treibt, als ihm zugeführt wird. Man sollte also schon darauf achten, nur gute Nahrung zu sich zu nehmen?

MICHAEL: Ja, aber auch dann braucht ihr mindestens drei Liter Wasser pro Tag! So viel Wasser braucht euer

Körper. Aber auch euer Energiekörper braucht so viel – denn das Wasser reinigt ja auch euren Energiekörper, eure Aura.

FRAGE: Nochmal ganz konkret: Wir sollen mindestens drei Liter klares Wasser trinken, und zwar zusätzlich zu unserem Essen, auch wenn dort Flüssiges dabei ist wie Suppen oder Soßen?

MICHAEL: Ja, das ist ganz wichtig: Egal, wie flüssig eure Nahrung ist – ihr braucht täglich mindestens drei Liter klares Wasser.

FRAGE: Wie ist das denn eigentlich mit den Mineralien und den anderen Stoffen im Wasser – werden die beim Abkochen nicht vernichtet?

MICHAEL: Wenn du das Wasser vorher behandelst, wenn du es vorher segnest, bekommt es beim Kochen eine völlig andere Energiestruktur. Dann verliert es nicht die Mineralien.

FRAGE: Was geschieht eigentlich während des Kochens, wenn das Wasser eine solch positive Wirkung entwickelt? Was geht da vor sich?

MICHAEL: Die Wasseroberfläche verändert sich durch den Kochvorgang; die Moleküle verbreiten sich. So können viel mehr Giftstoffe aufgenommen und ausgeleitet werden.

Die Struktur des Wassers wird durch das Kochen ähnlich wie die des Zellwassers.

FRAGE: ... und es schmeckt ganz anders: viel weicher, viel voller, wie frisches Quellwasser - richtig gut! Kann es übrigens sein, dass man kaum noch Hunger bekommt, wenn man viel von diesem Wasser trinkt?

MICHAEL: Das ist euer Weg im neuen Zeitalter - immer mehr lichtvolle Nahrung zu euch zu nehmen. Und je mehr Licht in eure Zellen kommt, umso weniger feste Nahrungsmittel braucht ihr zu essen.

Das Wichtigste jedoch ist: Seid euch immer bewusst, dass ihr jederzeit ausbrechen könnt aus diesem System der Manipulation. Und die Liebe - wirklich in der Liebe sein -, das ist der stärkste, der wirkungsvollste Ausbruch. Alles, was nicht in Liebe ist, wird zusammenbrechen.

ANTWORT: Ich finde, es ist wesentlich wertvoller, sich vegetarisch zu ernähren, denn das ist wichtig für das Bewusstsein.

MICHAEL: Wenn du einen Salat isst, der viel Chemie abbekommen hat, wird es deinem Körper danach auch nicht besser gehen als vorher. Und deshalb ist es so wichtig, dass ihr darauf achtet und nur Nahrungsmittel verwendet, die sorgfältig behandelt wurden - und das heißt, nicht mit Chemie und nicht mit Maschinen!

Nehmt nur wirklich reine Nahrungsmittel zu euch. Eure Zellen, euer ganzes Energiesystem wird sich dadurch positiv verändern. Denn alles, was ihr verzehrt, hat ja ebenfalls eine Aura, ein Energiefeld. Und so könnt ihr durch die Ernährung eure Aura schwächen oder stärken.

FRAGE: Wem kann ich denn überhaupt noch glauben - wie kann ich denn herausfinden, dass wirklich Bio in der Packung ist, wenn es draufsteht? Wie kann der Mensch überhaupt noch für sich spüren: „Das ist ja wirklich ein biologisch reines Lebensmittel."?

MICHAEL: Du kannst es testen! Lege deinen Zeigefinger auf das Lebensmittel, das du kaufen willst. Ist es ein Bio-Produkt, dann braucht es keine Energie; es hat selbst genug. Ist es jedoch ein normales Produkt, dann braucht es Energie - das heißt, dein Zeigefinger wird heiß werden. Macht diesen Test! Probiert es für euch aus!

FRAGE: Das werden wir tun! Ja, da ist wirklich was dran - die Bio-Produkte schmecken ganz anders, viel besser, viel intensiver. Aber noch sind sie viel teurer als die so genannten „normalen" Produkte. Viele Menschen können sie sich wegen der hohen Preise nicht leisten. Was kann man tun, um diese Nahrung trotzdem energetisch wertvoller zu machen?

MICHAEL: Das Bewusstsein der Menschen verändert sich. Sie spüren immer stärker, was getan werden muss. Und das ist auch ein Umwandlungsprozess für die Erde - wenn sie nicht mehr so verseucht wird mit Chemikalien ... Es ist ein Kreislauf ...

FRAGE: Ich möchte jetzt ganz gerne mal wissen: Ist das Wasser schon seit der Entstehung auf unserem Planeten - war es schon immer hier, oder wurde es auf die Erde gebracht?

MICHAEL: Das Wasser wurde der Erde gebracht.

FRAGE: *Dürfen wir erfahren, woher es kam?*

MICHAEL: Es kam von dem Planeten Sirius.

ANTWORT: *Und ich habe gedacht, die Erde sei der einzige Planet, auf dem es Wasser gibt ...*

MICHAEL: Oh, nein, das ist nicht so! Es gibt das Wasser auch auf vielen anderen Planeten.

FRAGE: *Das wusste ich bisher nicht. Ist das Wasser auf allen Planeten gleich zusammengesetzt, oder hat es jedes Mal eine andere Struktur?*

MICHAEL: Es hat auf jedem Planeten eine völlig andere Struktur.

FRAGE: *Die Lebewesen auf den anderen Planeten, haben die ebenfalls so viele Wasseranteile wie die Menschen, oder ist er auf der Erde besonders hoch?*

MICHAEL: Das ist auf jedem Planeten anders. Die Lebewesen der Erde haben einen besonders hohen Anteil.

FRAGE: *Sind wir die Einzigen?*

MICHAEL: Nicht ganz. Auch auf Lemuria ist der Wasseranteil sehr hoch.

FRAGE: *Sind die Bewohner anderer Planeten weiter in ihrer Entwicklung - gehen sie sorgfältiger und bewusster mit dem Wasser um?*

MICHAEL: Die sind viel, viel weiter in ihrem Bewusstsein ...

FRAGE: *Könnte man theoretisch Wasser von den anderen Planeten zur Erde bringen, oder sind die Moleküle zu unterschiedlich?*

MICHAEL: Es wäre machbar.

FRAGE: *Aber es geschieht nicht - weil wir unseren vielen Dreck erst mal selbst wegmachen sollen ...?*

MICHAEL: Ganz genau - und nicht frisches, reines Wasser woanders holen!

FRAGE: *Bleibt das Wasser auf der Erde eigentlich immer gleich in seiner Struktur, oder kann es sich verändern?*

MICHAEL: Oh, ja, es verändert sich. Eure Zellen verändern sich, und so geschieht es auch mit der Struktur eures Wassers.

Meine geliebten Kinder, nehmt euch ernst.
Sorgt für eure Zellen.
Doch habt keine Angst.
Lebt euer Leben - lebt es zusammen,
lebt es miteinander.

Ihr werdet unermesslich geliebt.

Erzengel Michael

Die Weltreligionen

Die Einflüsse der Weltreligionen
und die ursprünglichen Visionen der Religionsgründer

Botschaft vom 22. Juli 2003

Meine geliebten Kinder des Lichts, Erzengel Michael ist mit euch.

Wie schön, euch wieder zu treffen, um tiefer zu gehen in die Gespräche mit Erzengel Michael – denn Tiefe ist, mit dem Herzen in Kontakt zu sein. Tiefe ist, jeden Moment in Schönheit zu leben. Alle großen Lehrer – Jesus, Buddha, Mohammed, Shiva –, alle wollten mit ihrem Dasein auf der Erde eure Tiefe erkennen lassen, eure Tiefe und eure Göttlichkeit.

Und all dieses wunderbare Wissen ist auf die Erde gekommen, um euch den Frieden zu bringen – damit ihr eure Liebe wieder erkennt, damit ihr eure Schönheit wieder erkennt.

Es geht nicht mehr darum, dass sich Spreu vom Weizen trennt. Es geht vielmehr darum, die Spreu in den Weizen zu transformieren! Das ist das Wichtige – denn mit diesem Bewusstsein sind diese Lehrer auf die Erde gekommen.

Religionen trennen immer noch die Spreu vom Weizen. Für uns in der geistigen Welt spielt es keine Rolle, ob jemand katholisch, jüdisch, evangelisch, Buddhist, Hinduist, Muslim oder was auch immer ist: Es geht um das Herz! Und es geht um den Frieden, den ihr in euch selbst findet. In euch selbst!

Was ist wirklich mit den Kirchen, den Glaubensgemeinschaften? Sie bieten euch Halt, ja - aber führen sie euch in die Freiheit?

Um euch wirklich entdecken zu können, um wirklich frei zu werden, braucht ihr niemanden, der euch sagt, was Sünde ist und was nicht. Darum geht es, dass jeder Mensch wieder zu seinem eigenen Herzen geführt wird.

Das, was die großen Meister gelehrt haben, ist Liebe. Dann jedoch entstanden aus diesen Lehren der Liebe bei euch auf der Erde viele Glaubensgemeinschaften. Und diese Glaubensgemeinschaften haben sich von der Liebe entfernt.

Es kam die Macht ins Spiel. Aber: Macht hat niemals etwas mit Liebe zu tun! Niemals! Jetzt, in dieser Zeit, ist jeder Mensch gefragt, ob er diese Macht mit unterstützen und da mithalten will oder nicht.

Wichtig ist, dass die Menschen aller Glaubenssysteme zusammenkommen und sich im Herzen begegnen. So war es auch die Absicht aller, nach denen die großen Religionen entstanden sind: die Freiheit zu lehren, die Liebe zu lehren und das alles euch mitzuteilen.

Bei dem Bewusstsein, in dem ihr jetzt seid, ist es wichtig, die Spreu zu transformieren und nichts mehr voneinander zu trennen.

Gibt es Fragen?

FRAGE: Was meinst du mit Spreu und Weizen? Was bezeichnest du als Spreu?

MICHAEL: Das Gute und das Schlechte, all diese Vorurteile, die ihr habt. Wenn diese Beurteilungen, diese Verurteilungen nicht in euren Herzen wären, würde niemand morden, würde niemand sich bekriegen!

Alle Glaubenskriege basierten und basieren auf Macht. Nur wenn sich diese Macht in Liebe transformiert, dann lässt euer Bewusstsein es wirklich zu, dass alles in Liebe geschieht, das nichts mehr getrennt ist. Und das ist die Ebene der Einheit.

FRAGE: Wie kann man denn die Menschen davon abbringen, sich Gewalt anzutun, indem sie sich dabei auf die Religionen berufen?

MICHAEL: Wenn sie immer freier werden und sich auf ihr Herz besinnen, dann werden sie niemals töten.

FRAGE: Aber dann müssten sie sich ja von der Religion lösen?

MICHAEL: Das wird immer mehr geschehen! Immer mehr Menschen auf der Erde werden ihre eigene Freiheit und ihr eigenes Herz in Frieden leben.

All diese Glaubenskriege, die in eurer Zeit immer noch stattfinden, sind ein Zeichen dafür, dass die Macht noch sehr viel stärker ist als das Bewusstsein, das eigene Herz zu leben. Doch so wird es kommen: Die Identifizierung mit dem Herzen des Nächsten und mit eurem Herzen wird stärker sein als die Identifizierung mit dem Glauben.

Jesus wollte euch niemals vermitteln, dass ihr eingeschränkt werdet durch so genannte „Sünden" - und dass er der Erlöser und Retter der Welt sei.

Das ist es, was Jesus wirklich wollte: Er wollte zeigen, zu was allem Menschen wirklich fähig sind - und dass alles, alles geschehen kann, wenn jedes Lebewesen, jeder Mensch sein eigenes Potenzial lebt.

FRAGE: Wird es die Kirchen zukünftig noch als Institutionen geben?

MICHAEL: Nicht mehr lange. Es wird ihnen immer mehr an Macht genommen. Durch ihre finanzielle Stärke, durch die Anhäufung von Materie haben die Kirchen eine sehr starke Macht bekommen - doch diese Materie wird immer mehr schwinden, und damit auch die Macht.

Das gehört mit zu diesem Prozess, der jetzt auf der Erde geschieht: Alles, was nicht in Liebe ist, wird zusammenbrechen. Das ist ein ganz normaler Weg.

FRAGE: Bilden sich neue Gruppen, die die Kirchen ersetzen, oder geht der Weg zu mehr Eigenverantwortlichkeit?

MICHAEL: Es geht immer mehr darum, dass die Menschen ihr Herz leben, dass sie zusammenkommen, um zu meditieren, umso den Frieden in sich und den anderen zu manifestieren. Die Menschen werden die Lebensvision leben, füreinander da zu sein. Und dazu braucht es keine Kirchen.

FRAGE: Wo sollen sich denn dann die Menschen treffen - in welchen Räumlichkeiten zum Beispiel?

MICHAEL: Das kann überall sein. Es geht um das Resonanzgesetz: Das, was du aussendest, das, was zurückkommt, wird sich in eurem Bewusstsein verstärken, und auch im Kollektiv-Bewusstsein!

Dass Menschen aus allen Ländern sich während des Irak-Krieges im Jahre 2003 vereinigt haben im Gebet für Frieden auf der Erde, das war der Anfang - der Anfang eines neuen Bewusstseins für den Frieden.

Wenn Menschen zusammenkommen, um zu meditieren für den Weltfrieden, um darum zu beten, dass die Liebe größer wird als die Macht, dann bewirkt das ganz große Dinge.

Das neue Bewusstsein ist Liebe, ist die Begegnung der Herzen - und so entsteht Gleichberechtigung. Diese Gleichberechtigung bringt Frieden, sie bringt die Gleichheit aller Länder, aller Menschen; sie bringt die Vision der Einheit, um füreinander da zu sein.

Das System der Glaubensgemeinschaften und Kirchen aber ist Begrenzung für das, was wirklich möglich ist auf der Erde.

Für die geistige Welt braucht es nur die Liebe für die Erde und für euch Menschen. Das bringt euch in die Glückseligkeit. Wenn ihr mit diesen energetischen Resonanzen vertraut seid, bringt euch das weiter - nicht aber, wenn ihr euch immer wieder „klein" halten lasst.

FRAGE: Wenn die Menschen immer mehr Liebe aussenden, werden sie immer mehr Liebe bekommen ...?

MICHAEL: ... und ihre Liebe wird verstärkt. Immer mehr! Je mehr Menschen meditieren und den Frieden in sich tragen, umso stärker wird der Frieden im Kollektiv-Bewusstsein und in euch selbst. Das ist das Resonanzgesetz.

FRAGE: Kannst du uns Tipps geben für solche täglichen Meditationen? Wie lang sollen sie sein, welche Worte sollen wir sagen?

MICHAEL: Die Liebe zu jedem Lebewesen auf der Erde zu manifestieren ist das größte Gebet, das ihr sprechen könnt.

FRAGE: Heißt das, ich kann jederzeit jede Art von Meditation machen, jederzeit ein kurzes Gebet oder ein paar Worte sprechen?

MICHAEL: Ja, immer.

FRAGE: Und es bedarf keiner Ruhepause?

MICHAEL: Niemals.

FRAGE: Und es reicht, wenn ich bei meinen Alltagstätigkeiten wie Bügeln, Waschen ...?

MICHAEL: Ja! Sei immer in Liebe. Lasse mit jedem Atemzug die Liebe über die ganze Erde fließen. Das ist die größte Meditation - aber es ist auch die größte Herausforderung! Alles, was du in Liebe verrichtest, wird auch zu Liebe. Lass es zu.

FRAGE: Wir sollen also bei jedem Gedanken, bei allem, was wir tun ...?

MICHAEL: ... die Liebe fließen lassen, ja.

FRAGE: Wenn wir alles fließen lassen, können aber auch negative Dinge in uns hochkommen. Viele Menschen bekommen dann ein schlechtes Gewissen, denn sie wissen nicht, dass Gefühle wichtig sind und dass das ein Prozess der Reinigung ist. Kannst du den Menschen sagen, wie sie damit umgehen sollen?

MICHAEL: Wenn solche Gefühle und Emotionen hochkommen, ist es wichtig, sie wahrzunehmen, sie in Liebe anzunehmen und dafür zu danken, dass sie da sind. Dann werdet ihr fühlen, dass die Liebe immer stärker wird. Es ist wichtig, alle Emotionen zu leben – sie im Bewusstsein der Liebe zu leben.

FRAGE: Das heißt also, wenn Wut hochkommt, diese Wut herauszulassen und sie nicht aufzustauen. Ich habe mich damit beschäftigt und nehme Wut jetzt als Zeichen. Aber auch als Schutz – denn es heißt ja auch, dass Wut hochkommt, weil ich mich nicht rechtzeitig abgrenze, weil ich nicht in Liebe mit mir selbst bin. Ich finde es gut, dann zu sagen, nächstes Mal mache ich es besser.

Mir war nie klar, was das bedeutet: Wut rauszulassen. Für mich hieß das, in Emotionen verloren zu gehen. Es ist für mich ein ganz wichtiger Punkt, dass wir unsere eigenen Grenzen erkennen – uns selbst, unseren Selbstschutz und wie wir bei anderen damit umgehen. Das Wichtigste ist wohl, dass es unser eigener Schutz ist. Kannst du uns dazu etwas sagen?

MICHAEL: Wenn Wut da ist, ist gleichzeitig auch Liebe da. Wenn Liebe da ist, ist gleichzeitig auch Verzeihen da. Wenn Wut durch Liebe in Verzeihen transformiert wird, bekommt ihr ein ganz anderes Gefühl für eure Emotionen, ihr geht ganz anders damit um.

Hinter jeder Wut steckt auch eine Verletzung und damit auch Liebe und Verzeihen. Das Zusammenbringen ist das Bewusstsein der Liebe.

Die größte Wut wird hervorgebracht durch Unterdrückung. Wenn ihr frei erkennt, dass euer Herz niemals unterdrückt werden kann, dann wird es in euch immer klarer.

Viele Religionsgemeinschaften, viele Glaubensrichtungen sind auf Unterdrückung angelegt.

FRAGE: Was kannst du Menschen empfehlen, die ihr Herz nicht mehr fühlen können, die keine Liebe mehr haben? Wie können sie das ändern?

MICHAEL: Meditiert in der Natur.

FRAGE: Und wenn diese Menschen voller Angst und Trauer sind?

MICHAEL: Auch dann ist es wichtig, in die Natur zu gehen, um sich dort ganz zu spüren, um eins zu werden mit der Erde. Die Menschen können in der Natur - in dem Vertrauen, in der Geborgenheit, die die Natur ihnen gibt, ihre Verzweiflung loslassen.

Den Menschen geht es zurzeit emotional und materiell so schlecht, weil sie in sich selbst so viel unterdrückt haben, weil sie sich selbst völlig vergessen haben. Das neue Bewusstsein, das auf die Erde kommt, ist, in Liebe mit sich selbst und mit jedem Lebewesen zu sein.

Viele Traditionen haben ihre Spiritualität verloren, sind in den Machtenergien gefangen. Es ist an der Zeit, dass jedem Menschen bewusst wird: Mit jedem Atemzug kann er sich für die Liebe zu sich selbst entscheiden - fernab von allen Glaubensrichtungen.

Liebe - Herzensliebe - ist niemals käuflich. Eure Herzen wollen die Tiefe des Lebens erfahren. Eure Herzen wollen die Schönheit des Lebens erfahren. Das könnt ihr - und zwar ohne jede Eingrenzung! Alle großen Weltenlehrer, die auf die Erde kamen, haben euch die Botschaft gebracht: Verrichtet jede Handlung in Liebe. Und seid gewiss: Liebe hat niemals etwas mit Sünde zu tun!

FRAGE: Könntest du über die verschiedenen Facetten der Liebe sprechen?

MICHAEL: Die größte Liebe ist die Liebe zu euch selbst. Das ist die bedingungsloseste Liebe. Diese bedingungslose Liebe konfrontiert euch mit allen Grenzen. Und diese Grenzen gilt es zu durchbrechen.

Diese bedingungslose Liebe - wenn sie in euch lebt, wenn ihr sie zu euch selbst lebt - kann alle Fesseln sprengen.

Und ihr könnt diese Liebe mit allen Lebewesen der Erde teilen, mit der ganzen Erde - denn ihr tragt in euch so viel davon! So viel. Ihr könnt Liebe abgeben! In dem Bewusstsein der grenzenlosen Liebe könnt ihr die ganze kosmische Schönheit erfahren.

Je mehr ihr euch selbst liebt, umso mehr könnt ihr das Bewusstsein der Erde verändern.

Wie viele Menschen fühlen sich nicht wert, diese Liebe zu leben. Sie sind so weit weg von ihren Herzen, die sich immer noch in eigenen Zwängen befinden. Doch es ist so wichtig, dass jeder Mensch sich selbst liebt - sich liebt für seine Einzigartigkeit auf dieser Erde.

FRAGE: Entstehen solche Zwänge nicht teilweise durch Mitmenschen, die einen herausfordern - so dass man lernen muss, damit umzugehen?

MICHAEL: Bedingungslose Liebe lässt niemals Kompromisse zu.

ANTWORT: Manchmal nehme ich die Stimme des Herzens aber gar nicht wahr.

MICHAEL: Durch das Bewusstsein, in dem du jetzt lebst, bekommst du immer mehr Zugang zu dem, was du leben willst. Schaut euer Gesellschaftssystem an. Immer mehr Menschen brechen aus, um etwas Neues zu erleben und zu erfahren. Und immer mehr Menschen erkennen dadurch ihr eigenes Potenzial.

FRAGE: Was ist mit den Menschen, die gerne ihr Potenzial leben und ausbrechen möchten, die aber Verpflichtungen haben, die Kinder haben, die ein Haus gekauft haben - denen es nicht möglich scheint, ihr Herz zu leben?

MICHAEL: Wenn jeder Mensch das tun würde, was er wirklich will, was sein Herz anspricht, dann gäbe es keine Armut - jeder wäre in der Fülle. Armut ist in deinen

Ängsten gespeichert. Wenn du tust, was dein Herz dir sagt, ziehst du die Fülle an.

FRAGE: Das heißt, ich kann ruhig ausbrechen - die Fülle wird kommen, wenn auch vielleicht auf einem anderen Weg, als ich das gedacht habe?

MICHAEL: Ja.

FRAGE: Sie kommt durch den neuen Fluss der Energie ...?

MICHAEL: ... die frei wird, wenn du das Potenzial deines Herzens lebst ...

FRAGE: ... also nicht unbedingt über die monatlichen Gehaltszahlungen, sondern auf eine andere Weise, für die ich mich erst öffnen muss?

MICHAEL: Ja! Und das ist das neue System auf der Erde: dass immer mehr Menschen auf der Ebene einer neuen Vision leben.

FRAGE: Das heißt, je mehr Menschen sich dafür entscheiden, ihr Potenzial zu leben, umso mehr ihrer Mitmenschen ziehen sie nach sich und öffnen sich für die Fülle?

MICHAEL: Ja! Und das bringt eine große Veränderung auf der ganzen Erde.

FRAGE: Können alle Menschen auf der Erde in Fülle leben?

MICHAEL: Alle. Und sie können in ihrer Glückseligkeit leben. Alle Menschen! Das wird schon sehr bald geschehen, und es wird sehr rasch gehen.

FRAGE: Kannst du uns einen Zeitraum nennen - damit wir uns freuen können?

MICHAEL: Ein wichtiges Datum ist das Jahr 2006. Bis dahin verändert sich euer Zeitsystem sehr stark.

Für alle wird Heilenergie fließen.

Insgesamt wird es eine sehr große Bewusstseinsveränderung geben - für die Erde selbst, aber auch für alle Lebewesen auf der Erde.

Alle Kriege auf der Erde werden aufhören.

FRAGE: Ab wann wird es so weit sein, dass dieses Bewusstsein der Liebe alles durchdringt - unser ganzes Leben? Die Art, wie wir z.B. Nahrungsmittel herstellen und die Produkte unseres täglichen Bedarfs? Wie werden wir mit uns, mit unseren Mitmenschen und mit der Natur umgehen? Ab wann wird es so weit sein, dass wir alles in Liebe erschaffen?

MICHAEL: Du schaffst bereits alles neu, wenn du dich jetzt, in diesem Moment, dazu entschließt, es zu tun.

Je mehr Menschen bereit sind, das Neue zu erschaffen, umso schneller geht es. Und diese Entwicklung ist unaufhaltbar.

Liebe lässt sich niemals aufhalten. Ihr könnt durch euren Verstand Ängste bekommen, die euer Leben blockieren können. Aber Liebe lässt sich trotzdem niemals aufhalten. Das ist das Bewusstsein dieser Zeit.

FRAGE: Brauchen die Menschen dann auch keine Angst mehr zu haben vor den Pharma-Konzernen - können sie dann frei leben, können sie ihr ganzes Leben so umstellen, dass sie nicht mehr gezwungen sind, weiter mit ihrer Krankheit zu leben? Können sie sich dann frei entwickeln?

MICHAEL: Ja, auch das ist ein wichtiger Prozess.

FRAGE: Demnach wird auch die Macht der Pharma-Konzerne betroffen sein?

MICHAEL: Auch dort wird die materielle Energie schwinden; sie wird immer weniger werden - immer weniger. Und das lässt euch Menschen umdenken.

FRAGE: Du sagst, die heilende Energie wird frei werden. Wie kann ich mir das praktisch vorstellen?

MICHAEL: Es werden viele Kraftplätze aktiviert.

FRAGE: Und die Menschen werden dort hinströmen?

MICHAEL: Ja. Bis zum Jahre 2006 werden 12 Lichttore auf der Erde geöffnet sein. Und das wissen auch alle Religionen.

FRAGE: Werden sich die Regierungen ebenfalls umstellen?

MICHAEL: Es wird viel passieren überall.

FRAGE: Dadurch werden aber auch viele Menschen ihre Arbeitsplätze verlieren. Was geschieht denn dann mit diesen Menschen?

MICHAEL: Du brauchst keine Fabrik, um Brot herzustellen. Du brauchst keine Nahrungsmittel, die mit Maschinen bearbeitet sind. Das ist das Bewusstsein der Liebe: Dass Menschen sich selbst und einander finden in dem, was sie tun.

FRAGE: Die großen industriellen Bäckereien werden also verschwinden - und die Menschen werden sich treffen, um ihr eigenes Brot zu backen?

MICHAEL: Das ist Liebe - wenn alles wirklich nur noch miteinander getan wird. Dann verteilt sich auch wieder die materielle Energie auf jeden Menschen.

FRAGE: Du hast gesagt, alles, was mit Liebe geführt wird, kann bestehen bleiben. Dann gilt das auch für Pharma-Konzerne, die verantwortlich und in Liebe arbeiten?

MICHAEL: Es geht um den Ursprung: Wann brauchen Menschen Substanzen, die den Körper wieder heilen lassen? Doch dann, wenn ihr Körper Mangel erlebt! Nimm das Beispiel des Brotes, das in einer Fabrik hergestellt wird. Es ist tot, es ist voller Chemie. Was dieses Brot deinem Körper abgibt, schwächt deinen Darm, macht ihn kaputt.

FRAGE: Sollen wir also jetzt schon anfangen, Brot nur dort zu kaufen, wo wir wissen, dass es sorgfältig und mit Liebe hergestellt wird?

MICHAEL: Oh, ja! Das ist ganz wichtig ...

FRAGE: ... auch für die anderen Nahrungsmittel, nicht nur für das Brot?

MICHAEL: Ja! Und es wird neue Licht-Apotheken geben.

FRAGE: Was werden sie uns anbieten?

MICHAEL: Diese wundervolle Homöopathie, die heilenden Kräuter und Essenzen - all diese Dinge, die zurzeit noch von vielen Menschen in Frage gestellt werden.

FRAGE: Werden andere Produktionen auch mit Lichtenergie arbeiten, wie zum Beispiel Tankstellen für Autos?

MICHAEL: Lichtenergie brauchst du niemals an einer Tankstelle zu kaufen. Sie ist überall.

Es wird auch viele neue Techniken geben auf der Erde. Es wird auch das Lichtenergie-Auto kommen. Eigentlich ist es schon längst da - in vielen Ländern wird es bereits getestet.

FRAGE: Sind das Solar-Fahrzeuge?

MICHAEL: Es sind Licht-Fahrzeuge. Diese wundervollen Dinge werden zu euch auf die Erde kommen.

FRAGE: Vor dem Jahre 2006 oder erst danach?

MICHAEL: Es kommt alles nach und nach. Es braucht ja viele Menschen, die dafür offen sind. Und es braucht andere Technologien, die anders schwingen.

Das Allerwichtigste ist: Seid immer mit euch in der Liebe und im Vertrauen. Glaubt an eure Lebensvision. Nur so könnt ihr auf der Erde etwas verändern. Alle großen Lehren führen euch immer wieder zurück zu eurem Herzen, zu euch selbst. Ob Jesus, Buddha, Mohammed, Shiva oder all die anderen Meister: Niemals haben sie Macht ausgeübt. Niemals haben sie das Göttliche als „groß und unerreichbar" angesehen und die Menschen als „klein und wertlos".

Und das braucht es wieder: dass ihr eure Göttlichkeit entdeckt und eure Göttlichkeit feiert. Das lässt alle Ängste verschwinden - und alles kann geschehen, wenn ihr in eurem Herzen die bedingungslose Liebe tragt.

Gibt es noch Fragen?

ANTWORT: Es wird so oft gesagt, wir sollen die Liebe leben. Aber den Menschen fällt das oft schwer. Es bedeutet doch aber im Grunde: Das Wichtigste ist, sich selbst zu lieben, und das heißt, sich auch immer selbst zu schützen. Mir kommt da das Bild von einem kleinen Kind. Dem würden wir ja auch alles geben und es beschützen. Ich glaube, diese Wichtigkeit muss noch einmal betont werden - denn damit fängt ja alles an.

MICHAEL: Die größten Kräfte sind die Liebe und die Wahrheit. Dadurch kann sich alles verändern, und dadurch können viele Menschen noch viel mehr von den neuen Dingen erfahren.

Alle Pläne sind schon da. Es gibt bereits viele Wissenschaftler, die für die neuen Ideen offen sind, und es werden immer mehr. Es gibt auch viele Wissenschaftler, die schon sehr viel wissen und mit diesem neuen Wissen arbeiten.

FRAGE: Diese neuen Technologien - werden sie allen Menschen zugänglich sein? Und wie ist es mit den Kosten - werden sich die Menschen das alles überhaupt leisten können?

MICHAEL: Das Leben auf der Erde ist noch sehr materiell ausgerichtet. Aber das wird sich ändern.

FRAGE: Ich habe jetzt noch eine andere Frage: Wenn doch alle großen Meister die Freiheit aller Menschen wollen, warum hat dann Mohammed gesagt, die Frauen sollen verschleiert gehen?

MICHAEL: Er wollte ihre Schönheit schützen, und das hat überhaupt nichts mit der Unterdrückung zu tun, wie sie jetzt auf der Erde gelebt wird. Schönheit ist etwas Kostbares, sie bringt das Juwel im Inneren zum Strahlen. Und deshalb hat Mohammed diese Lehre gegeben. Nur - was die Menschen daraus gemacht haben ...

ANTWORT: Aber Männer sind doch auch schön!

MICHAEL: Ja, das sind sie! Oft aber wird die Schönheit der Frau missbraucht, und davor wollte Mohammed die Frauen schützen.

FRAGE: Warum hat nur Mohammed diese Lehre gegeben, aber zum Beispiel Jesus nicht? Jesus lässt die Frauen ihre Schönheit ohne Tücher zeigen.

MICHAEL: Maria wird auf der Erde oft mit einem Schleier dargestellt, mit einem bedeckten Kronen-Chakra. Das symbolisiert den Schutz des Kronen-Chakras.

Die Kraft der göttlichen Mutter wirkt durch jede Frau. Wenn der göttliche Strahl den Körper durchdringt, geschieht das immer über das Kronen-Chakra. Deshalb ist der Schutz wichtig.

Früher war es in eurem Kulturkreis eine Ehre, eine Kopfbedeckung zu tragen. Mit der Zeit hat sich das verändert. Durch die männliche Dominanz wurde die weibliche Kraft ganz in den Hintergrund gedrängt. Die Kopfbedeckung bedeutet nicht Unterdrückung, sondern Schutz.

Ihr seid das Licht.
Ihr seid die Liebe.
Ihr seid die Schönheit!
In tiefem Frieden eures Herzens.

Erzengel Michael

Die Weltreligionen

Offenbarungen der Engel über die Kirchen

Botschaft vom 29. Juli 2003

Meine geliebten Kinder des Lichts!

Das Bewusstsein von Erzengel Michael ist mit euch und grüßt euer Herz.

Wie schön, euch zu treffen! Es ist von großer Wichtigkeit, dass ihr spürt, dass die wahre Religion in eurem Herzen ist. Es ist die Liebe in euch selbst, die Achtung vor euch selbst und vor jedem Lebewesen. Es ist wichtig, Achtung vor allem zu haben, vor allem aber vor euch selbst.

Das ist sehr wichtig. Und es ist auch sehr wichtig, dass alle Menschen alle Grenzen durchdringen und alle Grenzen sprengen, die sie in ihren Herzen aufgebaut haben; dass sie alle Ängste fallen lassen, die sie sich immer wieder selbst machen.

Es ist wichtig, dass ihr eure Schönheit in jedem eurer Atemzüge erkennt und Achtung habt: Achtung vor eurem Körper, vor der Erde und jedem Lebewesen - vor allem.

In der Liebe ist alles eins. Die Liebe urteilt niemals. Die Liebe ist immer da - sie ist frei von Sünden, von Ängsten und von Karma. Und das ist das neue Bewusstsein für euch auf der Erde: in diese Liebe zu gehen, in diese Schönheit zu gehen, in diese Freude zu gehen.

Es ist das neue Bewusstsein, dass immer mehr Religionen zusammenbrechen, dass viele Menschen wieder ihr Herz spüren, dass sie das Licht sehen. Und das zeigt sich euch im Außen - dass alles, was nicht in Liebe ist, zusammenbrechen wird; das zeigt sich euch gerade jetzt, in dieser Zeit, auf der Erde.

Die Menschen kommen eigenartigerweise immer erst dann zusammen, wenn alles schwieriger wird, wenn alles zusammenbricht. Aber ihr könnt auch vorher zusammenkommen und miteinander die Fülle teilen, miteinander die Liebe teilen! Doch das funktioniert nicht mit Grenzen in den Herzen. Deshalb ist es jetzt umso wichtiger für euch auf der Erde, alles miteinander zu teilen.

Das, was ihr als Kirchen bezeichnet, als Glaubensgemeinschaften - sie können euer Herz nicht befreien. Sie können euer Herz nur noch weiter auf Eis legen, denn sie sind nicht interessiert an eurer Freiheit. Sie sind nicht interessiert an dem, was ihr wirklich fühlt, was ihr wirklich denkt. Sie sind dazu da, die Macht über euch zu bekommen.

Aber das wird nicht mehr funktionieren. Das sieht der göttliche Plan nicht vor, dass solche Institutionen die Macht über euch ausüben.

Gibt es Fragen?

FRAGE: Eigentlich heißt das ja, dass die zweitausendjährige Kirchengeschichte oder Religionsgeschichte dazu beiträgt, die wahre Religion in die Herzen zu tragen. Es ist ja nicht in Gottes Plan, Religion mit Macht und Unterdrückung zu verwechseln. Dennoch haben wir über zweitausend Jahre lang diese Erfahrung gemacht. Ist der Sinn dieser Erfahrung, die wahre Religion - die Liebe - in unseren Herzen zu entdecken?

MICHAEL: Und euer Herz zu feiern! Das ist das Wichtige: euer Leben in jedem Moment, in jedem Augenblick zu feiern.

FRAGE: Kann es sein, dass viele Menschen gerade wegen der unsicheren Zeiten voller Umbrüche in den Kirchen Halt suchen - denn die sind ihnen ja vertraut, sie sind irgendwie ein Hort der Geborgenheit, und die Menschen erfahren dort Regeln und Gesetze, die ihnen vermeintliche Sicherheit geben? Zurzeit wachsen ja angeblich wieder die Zugänge in den Kirchen. Stimmt meine Annahme, dass die Kirchen verantwortlich sind für diese Zugänge - dass die Menschen Gott suchen, aber dann bei den Kirchen erfahren, dass dort nicht Gott und nicht die Liebe ist? Erklären sich so die ansteigenden Zahlen?

MICHAEL: Ja! Die Menschen suchen Halt, weil sie in Angst leben. Das kann zum Anwachsen der Mitgliederzahlen in den Kirchen führen. Aber das hat keine Bedeutung. Die Essenz ist: Alles, was nicht in Liebe ist, wird zusammenbrechen.

FRAGE: Wie wird es diesen Menschen dann gehen, wenn - wie du sagst - alles zusammenbricht? Dann stehen doch viele Millionen Menschen plötzlich ohne jede Basis da! Oder hat sich, bis es so weit ist, in den Menschen selbst einiges geändert, damit sie das verkraften?

MICHAEL: Bis es so weit ist, wird sich noch viel verändern auf der Erde ...

FRAGE: ... diese Menschen werden also nicht im Vakuum verloren gehen ...?

MICHAEL: Nein, sie gehen nicht verloren. Aber es geht auch hier wieder um die Achtung voreinander und vor allem um die Verantwortlichkeit für sich selbst. Aus dieser Kraft heraus brauchst du nicht die Institution Kirche.

Wenn du selbstverantwortlich in Liebe handelst, brauchst du das alles nicht.

FRAGE: Heißt das, dieser Prozess wird jetzt, in den kommenden Jahren bis 2012, ganz intensiv sein?

MICHAEL: Ja. Alle Wege des Lichts werden überschwemmt werden von Menschen ...

FRAGE: ... also von Menschen in Gruppen und Gemeinschaften, die außerhalb der Kirchen den Weg des Lichts gehen?

MICHAEL: Ja.

ANTWORT: Ich sehe jetzt schon, dass das regelrecht eskaliert - überall, wo ich hinkomme, treffe ich Gleichgesinnte, selbst da, wo ich das niemals vermuten würde!

MICHAEL: Ja! Das ist wundervoll! Und durch die Bücher von Erzengel Michael werden Hunderte, werden Tausende von Menschen auf diesen Weg geführt.

FRAGE: Je stärker also die Liebe in den einzelnen Menschen wächst, umso stärker wird auch die Selbständigkeit in diesen Menschen wachsen, und sie werden eigene Wege gehen und brauchen den Halt der Kirche nicht mehr?

MICHAEL: Nein, den brauchen sie dann nicht mehr.

FRAGE: Kannst du uns etwas für die Menschen mitgeben, die sich tatsächlich noch an die Kirche klammern; etwas, das ihr Herz berührt, damit sie sich einfacher tun, loszulassen und ihr Weltbild zu verändern - dieses Weltbild, das ihnen eingeprägt wurde von der Gesellschaft?

MICHAEL: Das Wichtigste ist, dass die Menschen den Mut haben, sich selbst zu leben - sich selbst anzunehmen, sich selbst zu lieben. Das bringt die Freiheit wieder zurück in das Herz. Es ist wichtig, frei in das Herz zu kommen, frei in die Liebe zu gehen.

FRAGE: Zurzeit verändert sich ja alles auf der Erde durch die ständige Erhöhung der Schwingungen. Du hast gesagt, dieser Aufstieg der Erde und der Menschen in höhere Bewusstseinsebenen wäre nicht völlig klar gewesen, aber das Blatt habe sich jetzt gewendet. Wie hast du das gemeint?

MICHAEL: Das bedeutet, dass jetzt die Ebene des Aufstiegs erreicht ist. Das war noch nicht klar.

FRAGE: Es hätte also genauso gut sein können, dass die Erde sich selbst zerstört, dass sie nicht mehr weiterexistiert hätte?

MICHAEL: 1986 war die Entscheidung. Tschernobyl war die Entscheidung.

FRAGE: Davon hast du gesprochen - und du hast uns auch gesagt, dass damals viele Engel und Meister eingegriffen haben. Haben da die Menschen von sich aus angefangen umzudenken - war das der Anfang der jetzigen Entwicklung?

MICHAEL: Ja. Sonst wäre 1986 die Erde komplett vernichtet worden. Und deshalb ist es so wichtig, die Menschen darüber aufzuklären, was die Zerstörung der Natur bedeutet, die Zerstörung der Tiere.

FRAGE: Es gibt doch diese drei „Botschaften von Fatima", die als die drei Geheimnisse bezeichnet werden. Am 13. Oktober 1917 erschien Maria, die Mutter Jesu, den drei Hirtenkindern Lucia (10), Francisco (9) und Jacinta (7) in dem portugiesischen Dorf Fatima. Insgesamt erschien Maria sieben Mal. Sie gab den Kindern drei Botschaften. Zwei dieser Botschaften wurden der Welt bekannt gemacht: Maria verkündete das Ende des Ersten Weltkrieges (1914-1918) und warnte Portugal vor dem Kommunismus. Die zweite Botschaft enthielt die Warnung vor einem Zweiten Weltkrieg, wenn die Menschen nicht umdenken.

Beide Botschaften haben sich erfüllt, wie wir wissen. Über das dritte „Geheimnis" schwieg Lucia. 1943 hinterlegte sie es schriftlich beim Vatikan. Erst 1960 durfte das Kuvert geöffnet werden.

Es heißt, der damalige Papst Johannes XXIII. wäre beim Lesen dieser Botschaft „tief erschrocken und erbleicht". Mehr wurde nicht gesagt.

Am 13. Oktober 2000 wurden Jacinta und Francisco, die beide früh gestorben waren, selig gesprochen. Lucia - eine inzwischen 93-jährige Nonne - war bei der Feier dabei. Und da wurde auch nochmal das dritte „Geheimnis" angesprochen. Der Vatikan behauptete, diese Botschaft sei ein Hinweis auf das Attentat auf Johannes Paul II. im Jahre 1981 gewesen. Diese Version wurde weltweit angezweifelt und bestritten, sogar von vielen katholischen Priestern. Lucia schwieg weiterhin zu allem. Kannst du uns dazu etwas sagen?

MICHAEL: Das hätten die Kinder lieber nicht tun sollen, diese Botschaften nach Rom zu geben! Es wäre besser gewesen, diese Botschaften nicht dem Vatikan, sondern der Welt mitzuteilen!

Diese Botschaften kamen von Maria. Es waren keine „Geheimnisse" - das hat der Vatikan nur daraus gemacht! Die Kinder hätten alle drei Botschaften gleich der Welt geben müssen. Aber da war die Macht wieder stärker.

Die dritte Botschaft an die Kinder von Fatima ist folgende:

Maria hat den Kindern die Energien übermittelt, dass die Kreuzigung in dieser Form niemals stattgefunden hat.

FRAGE: Es gab nie eine derartige Kreuzigung?! Dann hat die Kirche auf diesem Geschehen all ihre Lügen und ihre Macht aufgebaut - und zweitausend Jahre lang den Menschen erzählt?

MICHAEL: Ja.

FRAGE: Kannst du uns schildern, wie das damals wirklich war mit Jesus?

MICHAEL: Das ist wirklich passiert: Jesus musste fliehen. Er wurde nicht mehr geduldet, seine Kraft wurde immer stärker, und deshalb musste er fliehen. Jesus ging nach Indien. Dort hat er weitergelebt, dort hat er weiter seine Lehren verbreitet, die Herzensliebe zu leben.

FRAGE: Und wer wurde damals wirklich an das Kreuz genagelt?

MICHAEL: Die gesamte Kreuzigung hat in dieser Form gar nicht stattgefunden.

FRAGE: Wie war es denn dann möglich, ein solches Geschehen zu inszenieren?

MICHAEL: Um Macht zu bekommen. Es war pure Macht. Was überliefert und aufgeschrieben wurde, wurde immer wieder verändert. Es kam das heraus, was die Menschen aus ihrer Angst daraus gemacht haben. Zu dieser Zeit gab es Kreuzigungen. Aber Jesus wurde niemals gekreuzigt. Mit durchbohrten Hand-Chakren kann man nicht mehr heilen ...!

Und das ist das Symbol des Kreuzes, das viele Menschen immer noch anbeten ...

FRAGE: Es wurden doch aber Personen von der Kirche heilig gesprochen, die diese Merkmale getragen haben: Hand- und Fußwunden, die regelmäßig geblutet haben. Das wurde doch untersucht und als real festgestellt, deshalb die Heiligsprechungen. Was passiert denn tatsächlich mit diesen Menschen, die diese Wunden tragen?

MICHAEL: Wenn so viele Millionen Menschen an etwas glauben, wenn diese Gedankenkraft so stark aufgebaut wird - wie zum Beispiel an Karfreitag -, dann muss sich diese Energie irgendwie manifestieren. Und das passiert mit diesen Stigmatisierten: Die Gedankenkraft vieler Millionen manifestiert sich in ihnen.

FRAGE: Sie sind also keine Heiligen, sondern Menschen wie alle anderen auch - sie sind nur offener und empfänglicher für dieses Energiefeld und erleiden deshalb diese Wunden?

MICHAEL: Ganz genau. Aber ihr seid doch alle heilig! Jeder von euch - jedes Lebewesen auf der Erde - ist heilig!

FRAGE: Warum verhält sich denn dann die katholische Kirche so - warum stellt sie einige Menschen höher als andere?

MICHAEL: Um weiterhin Macht zu bekommen. Um die Menschen in Angst und Ehrfurcht zu halten, stellt sie einige von ihnen höher, stellt sie „auf den Sockel".

FRAGE: Aber dann geht die katholische Kirche auch hin und „entthront" einige Heilige wieder - sagt damit: „Die brauchen wir jetzt nicht mehr ..."

MICHAEL: Ja. Und das zeigt, dass diese Institution sich immer wieder selbst belügt.

FRAGE: Dazu noch eine andere Frage: Frauen wurden ja von der katholischen Kirche komplett aus der Bibel gestrichen. Gab es denn eigentlich unter den Aposteln eine Frau?

MICHAEL: Es gab viele Frauen um Jesus! Die 12 Jünger hatten auch eine Partnerin und Jesus selbst hatte ja auch eine Partnerin!

ANTWORT: Na, Gott sei Dank – er stand also keineswegs „über den Dingen" ... Das beruhigt mich.

MICHAEL: Aber das alles passte nicht in das Bild, es passte nicht in das Energiefeld der Kirche, dass Frauen genauso gleichberechtigt sind wie Männer.

FRAGE: Das alles zusammen heißt dann also, dass die Bibel gar nicht diese „Heilige Schrift" ist, als die sie sich immer darstellt? Wenn so viel verändert und entstellt wurde, dann kann sie ja nicht heilig sein.

MICHAEL: Es wurde alles in der Bibel verändert. Jesus hat so viel gesprochen über die Wiedergeburt; er sprach so viel über das Resonanzgesetz. Das alles steht nicht in dieser so genannten „Heiligen Schrift".

FRAGE: Gibt es denn eine Möglichkeit, an die wirklichen Aussagen, die Ur-Aussagen von Jesus, zu kommen? Können diese echten Botschaften irgendwo abgefragt werden?

MICHAEL: Es gibt solche Bücher, in denen alles steht, was aus der Bibel gelöscht wurde. Es wäre wichtig, diese Bücher zu lesen.

Es gibt in der Vatikanbibliothek Bücher über Techniken, wie die Erde innerhalb von zwei Sekunden zu einem Paradies werden kann.

FRAGE: Und diese Informationen werden unter Verschluss gehalten?

MICHAEL: Ja. In diesen Büchern ist auch all das aufgeschrieben, was im Mittelalter mit den Hexen geschah und mit den anderen Menschen, die die Kirche umbrachte.

FRAGE: Warum haben die das alles aufgehoben? Es ist ja eigentlich nicht klug, solche brisanten Informationen aufzubewahren!

MICHAEL: Es geht auch hier wieder um die Macht. Natürlich gibt es im Vatikan auch Bücher, die beschreiben, wie die Erde innerhalb von zwei Sekunden zerstört werden kann.

FRAGE: Zu diesen Machtkämpfen im Vatikan habe ich noch eine Frage. In letzter Zeit stoße ich auf immer mehr Publikationen über seltsame Vorgänge im Vatikan. Da ist dieser sehr gefürchtete Geheimbund „Opus Dei"; da ist der mysteriöse Tod von Papst Johannes Paul I. nach 33 Tagen Amtszeit. Eine Vatikan-Bank brach zusammen, der Direktor dieser Bank wurde ermordet aufgefunden. Ein junger Wachsoldat, ein Schweizer Gardist, hat angeblich erst zwei Angestellte des Vatikans und

dann sich selbst umgebracht. Recherchen von Journalisten erga-
ben, dass das nicht stimmen kann, dass diese drei Menschen von
anderer Hand umgebracht wurden.

*Warum ist es nicht möglich, in diese Machtkämpfe einzugrei-
fen, warum ist es nicht möglich, das alles offen darzulegen,
damit die Menschen sehen, was da im Vatikan eigentlich gespielt
wird?*

MICHAEL: Weil die Menschen immer noch an das Gute
in der Kirche glauben.

FRAGE: Das heißt also, an der Kirche ist nichts Gutes?

MICHAEL: Nicht wirklich - nicht in der Form, wie sie
mit Macht versucht, die Menschen klein zu halten. Jesus
hätte niemals so eine „Institution Kirche" gegründet.
Jesus hat die Freiheit gelehrt, Jesus hat die Liebe gelehrt!
Er hat niemals gelehrt, dass das Herz mit Angst zuge-
macht werden soll!

Jesus hat niemals einen Menschen verurteilt. Er hat alle
geliebt, er hat alle zu sich gerufen. Er hat die Ungerech-
tigkeiten immer besiegen wollen.

Es gibt noch ein fünftes Evangelium: das Thomas-Evan-
gelium, in dem alles über Inkarnation und Karma aufge-
zeichnet ist.

FRAGE: Existiert dieses Buch im Vatikan?

MICHAEL: Es existiert auch bei euch, ihr könnt es im
Buchhandel kaufen.

FRAGE: Wie ist das möglich, dass diese Informationen doch noch überleben konnten - trotz all dieser Gewalttätigkeiten und Machtkämpfe?

MICHAEL: Weil es immer wieder Menschen gab, die wussten, dass aus dem Vatikan nicht die Wahrheit kam; Menschen, die diese wahren Texte geschützt haben.

FRAGE: Ich habe eine grundsätzliche Frage zu den Religionen: Was ist denn eigentlich die Essenz aller Religionen, aller Glaubensgemeinschaften, also auch der Naturreligionen - außer der Liebe und dem Herzen? Es muss doch da noch irgendetwas anderes geben als Grund, warum diese Heilslehren auf die Erde gebracht wurden, irgendeine ganz wichtige Aussage, die für alle Menschen in allen Zeitaltern wichtig waren?

MICHAEL: Meinst du die Weltreligionen?

FRAGE: Nein, nicht nur die. Es gab ja auch die Kelten, die Ägypter, die Mayas, und die kannten ja Jesus oder Buddha oder Mohammed noch nicht. Es gab und gibt außerdem andere, kleinere Glaubensgemeinschaften, die sich an der Natur orientieren. Aber bei all diesen Religionen muss es doch eine bestimmte Grundlage geben, eine Essenz, die all diese Menschen akzeptieren konnten - auch die, die nicht nur an die irdische Existenz glaubten - und die diese Menschen begleitet hat durch all diese Zeitalter hindurch?

MICHAEL: Nun, die Kelten zum Beispiel haben die Kraftplätze der Erde genutzt. Sie haben gespürt, wo eine sehr große Liebesenergie ist, und auf diesen Plätzen haben sie dann ihre Häuser und ihre Krafttempel gebaut.

FRAGE: Das heißt, sie haben ihrer Intuition vertraut - so wie beispielsweise die Mayas?

MICHAEL: Ja.

FRAGE: Diese Menschen waren so offen für die geistigen Dinge, weil sie so unverfälscht gelebt haben?

MICHAEL: Sie haben ihre Wahrheit gelebt, im Einklang mit der Erde, mit dem Kosmos, mit allen Lebewesen.

FRAGE: Dann ist dies also die Quintessenz aller Glaubensrichtungen: in Einklang leben mit der Erde und mit allen Lebewesen?

MICHAEL: In Einklang und in Achtung leben, ja!

FRAGE: Zu welcher Zeit ist das eigentlich gekommen, dass die Menschen nicht mehr nach dem Herzen gelebt haben, sondern nach dem Verstand? Durch den Verstand sind ja auch diese Kirchen entstanden!

MICHAEL: Es geschah in dem Moment, in dem die Macht in das Leben getreten ist; als Menschen gefühlt haben, dass sie über andere Menschen Macht ausüben können.

FRAGE: Kannst du uns ein bestimmtes Zeitalter nennen? Bei den Mayas waren die Menschen noch im Sein, aber irgendwann kam der Verstand immer mehr zum Vorschein. Wann hat sich das entwickelt?

MICHAEL: Du willst jetzt wissen, in welchem Jahrhundert?

FRAGE: Ungefähr, ja! Die Entwicklung muss ja irgendwann einmal begonnen haben. Irgendwann hat das ja mal beim

Menschen angefangen, vom Herzen in den Verstand zu gehen - dass sie gespürt haben, dass sie Macht ausüben können. Damit meine ich, wann die Kirchen entstanden sind.

MICHAEL: Zwischen dem 12. und dem 13. Jahrhundert.

FRAGE: In dieser Zeit war diese Entwicklung?

MICHAEL: Ja.

FRAGE: Aber es gab doch auch vorher schon Menschen, die Macht über andere ausgeübt haben. Das gab es ja bereits zu den Zeiten von Jesus, sonst wäre Jesus ja nicht bekämpft worden.

MICHAEL: Es ging jetzt nur darum, wann die Kirche bewusst und konzentriert diese Macht eingesetzt hat, um die Menschen in ihre Gewalt zu bringen.

FRAGE: Wenn alles zusammenbricht, was nicht in Liebe ist, wie du sagst - was passiert dann mit diesen teilweise wunderschönen Kirchengebäuden? Werden die auch zusammenbrechen, oder werden sie neue Tempel sein?

MICHAEL: Diese Plätze sind Kraftplätze der Kelten. Sie werden gereinigt, und es entstehen ganz neue Tempel - neue Heil-Tempel.

FRAGE: Die Institution Kirche hat also für den Bau ihrer Häuser keltische Kraftplätze ausgesucht?

MICHAEL: Oh, ja - um diese Energien zu nutzen. Aber die Kelten lassen es nicht mehr länger zu, dass diese Plätze so missbraucht werden.

FRAGE: Die Kelten lassen das nicht mehr länger zu?! Gibt es denn noch Kelten unter uns?

MICHAEL: Ja! An jedem keltischen Kraftort gibt es die Beschützer des Platzes.

FRAGE: Also Geistwesen?

MICHAEL: Ja!

FRAGE: Das heißt also: Die Gebäude der Kirche brechen zusammen ...?

MICHAEL: Ja! Wenn die Institution Kirche kein Geld mehr hat, dann kann sie diese Gebäude nicht mehr halten. Dadurch werden diese wundervollen Kraftplätze wieder frei, und sie sind wieder so, wie sie für euch Menschen wirklich gedacht waren.

ANTWORT: Manche Kirchen stehen ja auch im Zentrum einer Stadt oder eines Dorfes ...

MICHAEL: Ja - und das sind ganz klar ebenfalls solche Kraftplätze.

FRAGE: Kann ich das so verstehen, dass die Menschen - wenn die Liebe wieder in ihren Herzen ist und sie gemeinsam gehen - sich an diesen wunderschönen Kraftplätzen treffen?

MICHAEL: Ja, sie werden sich dort treffen und miteinander meditieren ...

FRAGE: ... miteinander meditieren, ohne irgendeiner Macht ausgesetzt zu sein? Um einfach in Liebe zusammen zu sein und einander zu achten?

MICHAEL: Ja!

FRAGE: Wie lange wird das dauern?

MICHAEL: Es wird sehr viel geschehen bis 2012 - sehr viel ...

ANTWORT: Ich habe gerade heute etwas Schönes gelesen: „Frage nicht nach der Zeit, es ist ja schon geschehen ..."

MICHAEL: Es passiert ja schon! Überall!

FRAGE: Dazu fällt mir etwas ein: Es gibt ja auch viele Kirchen, die eine ungute Atmosphäre haben, eine negative machtvolle Ausstrahlung. Darüber haben wir bereits gesprochen.

Aber ich hatte ein ganz anderes Erlebnis in der französischen Provence. Dort besichtigte ich eine uralte Kirche - es ist, glaube ich, die älteste in der Region oder sogar im Land. Ich war zum ersten Mal in dieser Stadt. Im Vorraum der Kirche stand ein uralter Taufstein. Ich habe mich in dieser Kirche, in diesen Schwingungen in der Nähe des Taufsteins, derart wohl und auf-gehoben gefühlt, es ging mir so gut dabei, dass ich mich später von der Gruppe getrennt habe, wieder zurück in diese Kirche ging und lange dort blieb.

Dazu jetzt meine Frage: Gibt es denn noch Kirchengebäude, in denen die ursprüngliche Heilkraft des Platzes immer noch wirkt?

MICHAEL: Wenn es in der Natur ist, dann schon!

FRAGE: Aber das war in der Stadt - in einer kleinen Gasse mit-ten in der Altstadt! Und ich habe mich noch nie vorher in einer Kirche so wohl und aufgehoben gefühlt.

MICHAEL: Das war die Resonanz, die du an diesem Platz hattest ... Du hast in einer früheren Inkarnation in dieser Stadt gelebt!

FRAGE: Du sprichst von den Plätzen in der Natur; da hatte ich ein Erlebnis in Finnland. Ich besuchte eine Kirche, die mitten in Felsen gebaut war. Da habe ich diese Naturverbundenheit gespürt. Hast du das damit gemeint?

MICHAEL: Ja, das sind wirkliche Kraftplätze.

FRAGE: Wir haben vorhin von der kollektiven Gedankenkraft der Menschen gesprochen. Ist es nicht gerade in dieser Zeit des Umbruchs sehr wichtig, dass die Menschen sich in der Gemeinschaft treffen und miteinander beten?

MICHAEL: Ja - um gemeinsam zu beten, um gemeinsam Mantren zu rezitieren, gemeinsam zu meditieren, gemeinsam Licht auf die Erde zu senden.

Nur noch gemeinsam könnt ihr etwas manifestieren auf der Erde, nicht mehr allein.

FRAGE: Wo sollten diese Menschen sich treffen, die dieses Buch jetzt lesen und sagen: „Ja, so eine Gemeinschaft will ich gründen."?

MICHAEL: In ihrem Zuhause - in der Natur - überall!

FRAGE: Wenn aber in ihrem Zuhause noch negative Energien sind von früheren Streitigkeiten, von Fernsehen und Radio und so weiter - was können die Menschen tun, um den eigenen Raum, die eigene Wohnung zu reinigen?

MICHAEL: Die Essenz „Erzengel Michael" sprühen!

Und ich gebe der Welt ein Mantra zur Reinigung. Es heißt: OM SHANTI NARO.

Das bedeutet: Die Kraft des Friedens durchdringt die ganze Erde.

Dieses Mantra reinigt alles in allen Zellen - an eurem Arbeitsplatz, zu Hause wird alles gereinigt.

FRAGE: Ist es dann wichtig, dieses Mantra immer wieder einmal zu wiederholen?

MICHAEL: Ja! Wenn ihr dieses Mantra sprecht, dann immer 41-Mal.

FRAGE: Ist es auch sinnvoll, sich dieses Mantra aufzuschreiben und in die Wohnung zu hängen?

MICHAEL: Ja, das kannst du gerne tun - hänge es an die Eingangstür.

FRAGE: Ist es auch wichtig, das Mantra immer wieder neu anzuwenden - denn es kommt ja immer wieder Besuch, es kommen neue Nachrichten oder andere Informationen, die nicht immer positiv schwingen?

MICHAEL: Ja. Sprich diese Worte immer wieder.

FRAGE: Ich komme noch einmal zurück auf ein anderes Thema: Du hast gesagt, wir sollen Gruppen bilden, wir sollen uns gemeinsam in die neue Zeit begleiten. Du hast auch gesagt, wir

sollen alles miteinander teilen. Was meinst du damit konkret –
unsere Wohnung, unseren Haushalt oder was?

MICHAEL: Um wirklich ein neues Bewusstsein zu erschaffen, ist es wichtig, dass ihr alles miteinander teilt; dass ihr euch zusammentut, gemeinsam kocht und esst. Dass ihr die Früchte und das Gemüse aus euren Gärten zusammentut ...

FRAGE: Wir sollen also nicht nur unsere Gedanken teilen,
unsere Intuitionen, unsere Erkenntnisse, sondern ganz konkret
auch unseren Alltag, unsere materiellen Dinge?

MICHAEL: Ja! Das wird neues Bewusstsein bringen! Es wird dann die Liebe, die Achtung voreinander an erster Stelle stehen und nicht das, was jeder an Materiellem hat. Und erst dann könnt ihr alle auf der Erde die Fülle leben.

FRAGE: Wird das ab 2012 sein, dass die Menschen in Gruppen
miteinander leben?

MICHAEL: Das geschieht ja bereits jetzt schon, und das wird künftig viel, viel mehr sein.

FRAGE: Das wird sich also ändern, dass so viele Menschen allein
in einer Wohnung leben?

MICHAEL: Es wird sich alles ändern. In den Städten ist sowieso keine Energie mehr. Sie sind energetisch tot, weil so viele Menschen dort leben, die die Luft verpesten. Viele werden es dort überhaupt nicht mehr aushalten. Je offener ihr werdet, umso schwieriger wird es für euch, dort zu leben ...

ANTWORT: Ich denke, es gibt dort keine Liebesenergien mehr – negative Energien müssen dort ja noch sein, denn das zeigen die Kriminalitätsraten. Es geht mir auch öfter so, dass ich das Gefühl habe, ich halte es einfach nicht mehr aus in der Stadt ...

MICHAEL: ... dann geh doch einfach weg!

FRAGE: Ja – aber ich muss doch erst einmal wissen, wohin ich gehe! Und solange ich diese Plattform noch nicht gefunden habe, wo ich hingehöre: Was kann ich tun, was kann der Leser tun, damit man es aushält in der Stadt, in der man lebt?

MICHAEL: OM SHANTI NARO – stets das Mantra sprechen und so schnell wie möglich an einen anderen Ort ziehen.

FRAGE: Wie weit sollte dieser Ort von einer Großstadt entfernt sein?

MICHAEL: Ungefähr 50 bis 60 Kilometer.

FRAGE: Doch so weit ...?

MICHAEL: Ja. Denn in den Städten gibt es kaum noch Elfen, dort gibt es keine Kobolde mehr, nur noch vereinzelt ... Aber die Menschen spüren sie ja gar nicht mehr in den Städten.

FRAGE: Es gibt doch aber auch Plätze in der Nähe der Stadt – ich denke jetzt daran, wo ich wohne, das ist mitten im Grünen, und ich habe auch das Gefühl, es ist ein besonderer Ort – es gibt also meiner Meinung nach doch noch vereinzelt Orte am Rande der Stadt, die positive Energie ausstrahlen. Kann das sein?

MICHAEL: Ja, die gibt es. Aber sie werden immer weniger.

ANTWORT: Ja - ich wohne zwar auch mit viel Grün, aber das war doch ein sehr düsterer Ort, bis er von Erzengel Michael gereinigt wurde.

MICHAEL: Es ist sehr wichtig, dass ihr euch zusammentut, dass ihr zusammenlebt, dass ihr euch in heile Energie begebt. Das ist Liebe und Achtung für jedes Lebewesen.

FRAGE: Wir sollen also mit den anderen Menschen unsere Energie teilen - auch die Energie, die wir von dir bekommen?

MICHAEL: Ja.

ANTWORT: Ich merke es eigentlich tagtäglich in meiner Lebensberatungs-Praxis, wie schwierig es für die Menschen ist, sich selbst zu achten, sich selbst zu mögen.

MICHAEL: Und das können sie in der Natur!

ANTWORT: Ich denke jetzt daran: Wenn wir 50 bis 60 Kilometer von der Stadt entfernt wohnen - das sind ja riesig lange Anfahrtswege zur Arbeit ...

MICHAEL: Aber dann sind die Menschen doch auch viel produktiver, wenn sie zwar in der Stadt arbeiten, aber in der Natur leben! Viel produktiver! Sie können dann viel mehr bewirken und verwirklichen - viel mehr!

FRAGE: Mir fällt von Jahr zu Jahr mehr auf, dass immer mehr Feste gefeiert werden von allen möglichen Gruppen und

Gemeinschaften. Bei all diesen Festen kommen große Mengen von Menschen zusammen - egal, ob das ein Konzert ist, ein Seminar, ein Dorf- oder Stadtfest oder ein Tanzkurs. Es tun sich unglaublich viele Gleichgesinnte zusammen. Ist das schon ein Zeichen für den immer größer werdenden Wunsch vieler Menschen, in Gruppen zusammen zu sein? Sind diese Gruppierungen sozusagen die „Vorläufer" der künftigen größeren Gemeinschaften?

MICHAEL: Ja.

FRAGE: Die Menschen halten sich immer mehr außerhalb ihrer Räume auf, sie wollen „unter die Menschen"...

MICHAEL: Ja - alles geht nur noch miteinander!

ANTWORT: Ich denke auch, in der freien Natur, bei den kleineren Dorfgemeinschaften, da gibt es nicht diese Ablenkungen wie Kneipen, Bars, Kinos und Diskotheken - man begegnet sich viel eher selbst und hat auch eher den Wunsch, in der Gemeinschaft und in der Gottesverbundenheit der Natur zu sein ...

MICHAEL: Ja. Und es ist so wichtig, dass ihr das wirklich fühlt - dass ihr euch wirklich wahrnehmen könnt in der Natur und in der Gemeinschaft!

ANTWORT: Seit ich weiter weg von der Stadt arbeite, merke ich: Wenn ich abends heimkomme, halte ich diesen Trubel und diesen Stress dort kaum noch aus. Es ist wohl wichtig, diese Erfahrung zu machen - raus aus der Stadt ...

MICHAEL: Es ist so wichtig, dass die Menschen wieder zu sich selbst finden! Und das können sie nicht in den Städten. Das können sie nur in der Natur.

FRAGE: Ich habe jetzt mal noch eine Frage zu einem ganz anderen Thema - das bricht zwar jetzt ein bisschen dieses Gespräch, aber ich denke, es ist wichtig: Es geht um Taufe. Du hast uns gesagt, für die neugeborenen Wesen ist diese Taufe ein Schock, weil der Zugang zu ihrem Selbst blockiert wird.

Jetzt gibt es doch aber auch die Erwachsenen-Taufe, die Ganz-körper-Taufe, bei denen die Menschen mit dem ganzen Körper in das Wasser eintauchen. Das geschieht zum Beispiel bei den Zeugen Jehovas. Was bewirkt denn diese Ganzkörper-Taufe bei diesen Menschen?

MICHAEL: Auch das geschieht aus der Angst - aus der Angst, dass sie nicht auserwählt sind, wenn sie sich nicht taufen lassen.

FRAGE: Ich wollte aber noch etwas anderes wissen: Du hast uns gesagt, das Ritual der Taufe, das Übergießen des Kopfes mit Wasser, blockiert das Kronen-Chakra. Was bewirkt bei der Erwachsenen-Taufe das Eintauchen des ganzen Körpers in das Wasser? Wie wirkt sich das auf die Chakren aus?

MICHAEL: Das ist nicht förderlich.

FRAGE: Ja, das habe ich mir gedacht. Aber: Werden da alle Cha-kren tangiert oder nur das Kronen-Chakra?

MICHAEL: Sehen die Zeugen Jehovas auf der Erde gesund aus ...? Das ist die Antwort!

FRAGE: Körper-Taufe bedeutet also, psychisch und physisch in ein „Gerüst", in ein „Gefängnis" gesteckt zu werden ...?

MICHAEL: Ja.

FRAGE: Ich habe noch eine andere Frage: Es gibt bei den verschiedenen Religionen sehr viele unterschiedliche Mythen, Sagen, Legenden, Erzählungen über die Entstehung der Erde. Was stimmt eigentlich? Wie wurde die Erde erschaffen, wie entstand die Menschheit?

MICHAEL: Das erste Leben, das auf der Erde entstand, kam vom Sirius. Alles im Kosmos, alles in allen Galaxien hat Energie. Diese Energie ist die Form, in der ihr jetzt lebt auf der Erde. Diese Energie hat sich verdichtet. Daraus ist die Erde entstanden - aus einer Energie-Verdichtung. Doch es gibt nicht nur eine Erde, es gibt drei Erden im Kosmos.

FRAGE: Drei Erden gibt es?! Sind die denn ähnlich strukturiert wie ...?

MICHAEL: ... ja, und sie sind genauso aufgebaut wie eure Erde.

FRAGE: Es heißt doch aber, die Erde sei in ihrer Struktur, in ihrer Schönheit einzigartig im Kosmos. Du sagst jetzt, es gibt drei Erden mit derselben Struktur, mit dieser wunderbaren Flora und Fauna ...?

MICHAEL: Die Erde ist in ihrer materiellen Form ein wundervolles Paradies. Der Mars ist ebenfalls ein wundervolles Paradies.

FRAGE: Der Mars? Der ist ja gerade jetzt, im August 2003, der Erde so nahe wie seit über 60.000 Jahren nicht mehr. Hat das etwas zu bedeuten?

MICHAEL: Ja, natürlich! Das bedeutet, dass vom Mars sehr viel Energie auf die Erde kommt, die wichtig ist für den Aufstieg.

FRAGE: Was genau bedeutet „Mars-Energie"?

MICHAEL: Mars-Energie bedeutet, aktiv Dinge zu manifestieren auf der Erde.

FRAGE: Das heißt, für besonders wichtige Dinge sollten wir diese momentan sehr starke Mars-Energie nutzen, damit uns das auch gelingt, was wir vorhaben?

MICHAEL: Ja.

FRAGE: Dazu eine weitere Frage: Bisher kennen wir nur Bilder vom Mars und von anderen Planeten, die aussehen, als gäbe es dort ausschließlich öde Wüsten. Sagen die geistigen Kräfte, die Menschen sind noch nicht reif genug, um zu erfahren, wie es dort wirklich aussieht?

MICHAEL: Die geistigen Kräfte wollen nicht, dass irgendwelche Spielchen auf diesen Planeten vorgenommen werden.

FRAGE: Es ist also so, dass uns vorläufig noch ein „falsches Bild" gezeigt wird ...?

MICHAEL: Ja! Eine Marssonde zu dematerialisieren ist ein leichtes Spiel! Es ist auch ein leichtes Spiel, die Mondlandung in einem Studio abzudrehen ...

FRAGE: Heißt das, die Mondlandung war gar nicht real, sondern wurde in einem Studio abgedreht?!

MICHAEL: Ja. Und alle, die daran beteiligt waren, sind kurz danach umgekommen.

ANTWORT: Ich habe vor einigen Jahren einen dieser „ersten Menschen auf dem Mond" kennen gelernt: Edwin Aldrin. Er machte auf mich den Eindruck einer ganz besonderen Persönlichkeit mit einer beeindruckenden Ausstrahlung. Und er erzählte so überzeugend von seinen Erlebnissen im Weltraum und auf dem Mond ... ich wäre nie auf die Idee gekommen, dass das nicht stimmt!

MICHAEL: Er hat sich an sein Drehbuch gehalten ...

FRAGE: Und die Aussagen der anderen Astronauten - es sei alles so toll gewesen, so beeindruckend, sie hätten jetzt eine ganz andere Einstellung zum Leben bekommen ... Das steht alles so im „Drehbuch"?

MICHAEL: Ja.

FRAGE: Und warum hat man nicht den Rest der Crew ebenfalls eliminiert?

MICHAEL: Sie brauchten noch ein paar Leute, um alles zu erzählen ...

FRAGE: ... über den großen Bluff ... Aber diese Satellitenflüge um die Erde, die Raketenflüge - sind die echt?

MICHAEL: Ja.

FRAGE: Und diese Rakete mit 13 Männern und Frauen an Bord, die vor ein paar Jahren kurz nach dem Start explodiert ist - sollte diese Rakete nicht zum Ziel kommen, wurde das systematisch verhindert?

MICHAEL: Meinst du die Rakete, die im Mai 2003 mit einem Ufo zusammengestoßen ist?

FRAGE: Was?! Nein, das meinte ich nicht, denn davon habe ich nie etwas gehört! Was ist denn da passiert?

MICHAEL: Diese Rakete ist verglüht.

FRAGE: Die NASA hält also diese Informationen geheim ...?

MICHAEL: Ja, die NASA weiß es.

FRAGE: War diese Kollission von den geistigen Kräften gewollt?

MICHAEL: Sie war gewollt! Die Energien, mit denen die Besatzung konfrontiert war, das, was sie dort oben erlebt und erfahren haben, wäre nicht gut für die Erde gewesen. Es fanden bei dieser Exkursion ja nicht nur materielle, sondern auch energetische Forschungstests statt. Diese Energien hätten in einem solchen Maße missbraucht werden können - eine Atombombe ist nichts dagegen. Das durfte nicht geschehen.

Wir aus der geistigen Welt passen auf euch auf! Ihr seid uns wichtig! Achtet mit jedem Atemzug auf die Geschenke, die ihr aus der geistigen Welt erhaltet.

FRAGE: Ich habe gelesen, dass Lebewesen durch Energiestrahlen auf den Planeten Erde gekommen sind. Stimmt das?

MICHAEL: Ja. Durch einen Energiestrahl vom Sirius ist ja auch das Leben auf der Erde entstanden!

FRAGE: Es kam also ein Energiestrahl vom Sirius auf die Erde – das Leben wurde also sozusagen vom Sirius auf die Erde gebeamt?

MICHAEL: Es waren Zellen. Zuerst kam das Wasser.

FRAGE: Dann sollen ja aber auch Wesen von den Plejaden und vom Orion dazugekommen sein?

MICHAEL: Ja.

FRAGE: Wessen Idee war das, die Erde zu erschaffen – oder hat sich das selbst entwickelt?

MICHAEL: Es geschah von selbst.

FRAGE: Ach ja – also diese ganzen Entwicklungen, die im gesamten Kosmos stattfinden ...

MICHAEL: ... in allen Galaxien!

FRAGE: ... kamen und kommen aus sich selbst?

MICHAEL: Ja.

FRAGE: Ich habe einmal gelesen, es sei die Intention einer Göttin gewesen, mit diesem Planeten Erde ein Paradies zu schaffen. Ist diese Aussage dennoch richtig, nach dem, was du uns gerade gesagt hast?

MICHAEL: Ja! Es ist ja alles Energie, die dann zur Materie wurde, um die Erde entstehen zu lassen.

FRAGE: Und diese Idee des Paradieses, wie sie auch die Bibel in der Schöpfungsgeschichte schreibt; das heißt ja dann, dass die Erde in ihrer Struktur, in ihrer Schönheit als Paradies gedacht ist?

MICHAEL: Ja - und innerhalb der Erde gibt es auch Leben!

FRAGE: Wie - in der Erde?

MICHAEL: Ja, im Erdinnern.

FRAGE: Aber es heißt doch, die Erde hat einen glühenden, flüssigen Kern. Dafür gibt es ja auch Beweise - bei den Vulkanausbrüchen beispielsweise. Und trotzdem gibt es Lebewesen, die sich im Erdinnern aufhalten?

MICHAEL: Ich werde euch demnächst Informationen geben, wie ihr mit diesen Lebewesen in Kontakt kommen könnt.

Meine geliebten Kinder des Lichts, erinnert euch jeden Moment an die Schönheit in euch.

Lebt eure Klarheit und lebt eure Freiheit in der tiefen Liebe eures Herzens.

Erzengel Michael ist alle Zeit mit euch.

Die Anhebung der Energie

Botschaft vom 11. November 2003

Meine geliebten Kinder des Lichts - willkommen!

Das große Bewusstsein von Erzengel Michael ist mit euch und grüßt euer Herz. Wie schön, euch zu treffen und somit die Einheit mit euch Menschen immer mehr zu manifestieren!

Das, was am 8. November 2003 bei euch auf der Erde geschah, ist die Verbreitung einer Energie, die sich in den nächsten Jahren in Liebe und in Schönheit ausweitet.

Vier Tore wurden über der Erde geöffnet:
das erste Tor über Europa,
das zweite Tor über Indonesien,
das dritte Tor über China,
das vierte Tor über der USA.

Und das geschah bei der Öffnung dieser Tore: Die Erde und die Menschen kamen in eine viel größere Einheit.

Diese vier Zonen sind die wichtigsten Zonen, in denen es um Macht geht - um die Weltmacht - und um Krieg.

Die Tore der Einheit stehen dafür, dass alles - alles! - in Liebe geschieht und in Schönheit.

Ich gebe euch eine Meditation, wie ihr euch mit diesem Gitternetz, das wir für euch an diesem Tag aktiviert haben, verbinden könnt.

Es ist gewaltiger als alle anderen Gitternetze, und es ist mächtiger als die schädlichen Strahlen des H.A.A.R.P-Projekts!

Das ist ein so wundervoller Prozess: Diese Energie hat sich manifestiert, und dadurch schwindet die Macht. Das Licht, die Liebe und die Verantwortung können in jedes Herz auf der Erde fließen. Das wurde möglich durch euch, durch euer Tun! So viele Menschen haben in den letzten Jahren ihr Herz geöffnet für sich selbst - so viele. Es ist ein Geschenk für euch! Das Licht erhält erneut eine andere Frequenz, und diese Schwingung bleibt konstant.

FRAGE: Eine andere Frequenz - heißt das, eine höhere Schwingungsebene?

MICHAEL: Ja. Diese Schwingung, die ihr jetzt erleben könnt auf der Erde, ist das Vertrauen in euch selbst und in die Einheit.

Die vielen Prüfungen, diese Nervosität und dieses Chaos, die sich auf der Erde in den letzten Monaten abgespielt haben, sind jetzt vorbei.

All das ist vorbei - es ist vorbei, wenn ihr dazu bereit seid! Denn jetzt kann sich etwas ganz Neues in euch festigen, und das ist der Mut, das ist die Liebe, und das ist das Vertrauen in das neue Bewusstsein dieser neuen Lichtfrequenz.

ANTWORT: An diesem 8. November 2003 war überall eine ganz eigenartige Atmosphäre ...

MICHAEL: ... alles hat stillgestanden ...

ANTWORT: Ja! Es war tatsächlich, als wenn die Zeit stillgestanden hätte. Ich hatte das Gefühl, die Menschen in der Stadt bewegen sich langsamer, sind ruhiger und friedlicher, es verlief alles fast wie in Zeitlupe. Ich hatte das Gefühl, die Welt sei in Watte gewickelt - als sei alles im Vakuum -, es war absolut positiv.

MICHAEL: Wir haben die Zeit angehalten.

FRAGE: Dann stimmt das also doch, was ich gespürt habe! Ich habe einige Male auf die Uhr geschaut und immer nur gedacht, da kann doch etwas nicht stimmen, es müsste doch schon sehr viel später sein ...

In welchem Zeitraum wurde die Zeit angehalten?

MICHAEL: Zwischen 12 Uhr und 14 Uhr.

ANTWORT: Ja - genau! Um diese Zeit war ganz einfach Stillstand! Und danach hat es noch eine ganze Weile gedauert, bis die Zeit wieder in ihrem gewohnten Rhythmus war. Aber es war schön, es war eine wunderschöne, friedliche Atmosphäre überall.

MICHAEL: Es war ein solch großer Glücksmoment für euch auf der Erde ... Jedes Lebewesen hat es gefühlt, dass sich etwas verändert.

Ich gebe euch jetzt die Meditation.

Es ist wichtig, dass ihr sie schon jetzt, bevor das Buch erscheint, der Welt weitergebt, damit die Menschen sich verbinden können mit dem neuen Gitternetz, denn es ist das Gitternetz der Einheit.

Die Meditation:

Ihr schließt eure Augen und legt eure Hände auf euer Herz-Chakra.

Lasst den Kopf ganz leer werden von Gedanken ... Einfach nur sein ...

Ihr nehmt 9 Atemzüge:
durch die Nase einatmen, durch den Mund ausatmen.

Nach den 9 Atemzügen öffnet ihr eure Hände nach vorne und sagt:
Ich verbinde mich mit dem neuen Gitternetz der Einheit.

Dann lasst ihr die Hände wieder auf das Herz sinken und spürt nach in diese Kraft und in diese Liebe.
Nun könnt ihr eure Hände wieder zurücklegen.

Es ist sehr wichtig: Gebt diese Meditation allen Menschen, denen ihr begegnet!

MICHAEL (befragt die Mitglieder des Buch-Teams): Was hast du gefühlt bei dieser Meditation?

ANTWORT: *Friede, Kraft und Mut.*

MICHAEL: Wie wundervoll! Und diese Kraft wird immer stärker, je öfter ihr euch damit verbindet. Und was hast du erfahren?

ANTWORT: *Eine Strömung, eine Herzöffnung, Friede und Liebe.*

MICHAEL: Und du – was hast du erfahren?

ANTWORT: *Ich bin momentan sehr müde, denn die letzte Zeit war sehr, sehr schwer für mich. Ich habe nicht sehr viel gespürt – aber so viel schon, dass es angekommen ist bei mir. Es wäre schön, wenn etwas mehr Ruhe in mein Leben kommen könnte ...*

MICHAEL: Es ist wichtig, dass du diese Meditation jeden Tag machst. Jeden Tag. Sie wird dich wieder in deine Kraft bringen.

FRAGE: Ich habe am 8. November 2003 während der Energie-anhebung um die Mittagszeit meditiert und mich in weißes Licht gehüllt - habe ich da wirklich Sanandas Anwesenheit gespürt?

MICHAEL: Ja! Sanandas Energie war bei so vielen Menschen an diesem Tag. Wir alle waren überall auf der ganzen Erde und haben diese Energie, die ihr manifestiert habt, wahrgenommen. Diese Energie ist über alle Menschen gekommen - auch über dich, und du hast sie in dieser Meditation erfahren. Es war für alle Menschen und alle Lebewesen auf der Erde eine besonders große Einweihung.

FRAGE: Mir kam es während meiner Meditation an diesem Tag so vor, als wäre ich plötzlich bewusstlos geworden. Das muss ungefähr 30 Minuten gedauert haben. Ich bin um 12.35 Uhr aufgewacht. Nichts um mich herum hatte sich verändert, aber von der Zeit dazwischen weiß ich absolut nichts. Was war das?

MICHAEL: In dieser Zeit haben sehr viele Menschen vorübergehend ihren Körper verlassen.

FRAGE: Aber warum geschah das? Haben diese Menschen ihren Körper verlassen, um das alles besser zu verkraften oder um anderen Menschen zu helfen - oder habe ich den Körper verlassen, um mir selbst besser helfen zu können?

MICHAEL: Einfach, um in diese neue Energie zu kommen!

FRAGE: Ja, und am Tag danach war ich körperlich regelrecht erschöpft, so als hätte ich Schwerstarbeit geleistet. Wie ist das zu verstehen?

MICHAEL: Weil diese Schwingungserhöhung in die Zellebene ging - ganz, ganz tief in alle Zellen.

ANTWORT: Ja, das war zu spüren.

MICHAEL (fragt das nächste Team-Mitglied): Wie ist es dir ergangen?

ANTWORT: Ruhe ... und auch das Gefühl, zu mir zu kommen, überhaupt zu mir zurückzukommen - ein Pendeln zwischen dem Gitternetz und mir ...

MICHAEL: ... um wieder ganz neu in dir anzukommen ...

ANTWORT: ... und mich in mir wahrzunehmen, ja.

MICHAEL: Und das ist so wichtig: dass ihr euch jetzt für euch die Zeit nehmt, um euch zu spüren, um euch wahrzunehmen.

FRAGE: Eigentlich klingt das Wort „Gitternetz" gar nicht nach Einheit - es klingt eher nach Eingesperrtsein ... Zumindest in unserem Sprachgebrauch ist dieses Wort eher negativ besetzt ...

MICHAEL: Aber die Energie braucht doch Manifestation: Es wurde ein energetisches Netz um die ganze Erde gespannt. Und dieses Netz - dieses netzartige Gebilde - ist dazu da, diese gesamte Kraft, diese Einheit auf der Erde zu manifestieren.

FRAGE: Sind das Energiefäden?

MICHAEL: Erzengel Michael wird es euch aufmalen. (Er lässt sich ein Blatt Papier und einen Kugelschreiber geben und zeichnet behutsam und sorgfältig das Energienetz auf; dann hebt er das Blatt hoch.) Das ist die Struktur! Und dieses Netz geht um die gesamte Erde.

In diesem Netz gibt es vier Tore - besondere Tore, die darin verankert sind. Und diese Tore wurden am 8. November 2003 geöffnet.

FRAGE: Das heißt, das Licht strömt dort besonders stark?

MICHAEL: Ganz genau!

FRAGE: Und es wird auch verankert auf der Erde - das heißt, das Licht kann von allen Menschen genutzt werden?

MICHAEL: Dieses Licht ist für alle da, ja!

Es ist wichtig, dass ihr diese Zeichnung abdruckt. Wenn ihr eure Hand darüber haltet, werdet ihr spüren, wie stark die Energie aus diesem Netz herausdringt. Es ist die erste Manifestation eines solchen Netzes auf der Erde.

FRAGE: Das heißt, zum ersten Mal seit Bestehen der Erde?

MICHAEL: Es gibt verschiedene Gitternetze - doch dieses ist das erste Netz der Einheit. Es wird eure gesamten Zellen verändern. Die Zellen tragen ja schon immer sehr viel Licht. Doch durch das Licht, das jetzt auf die Erde

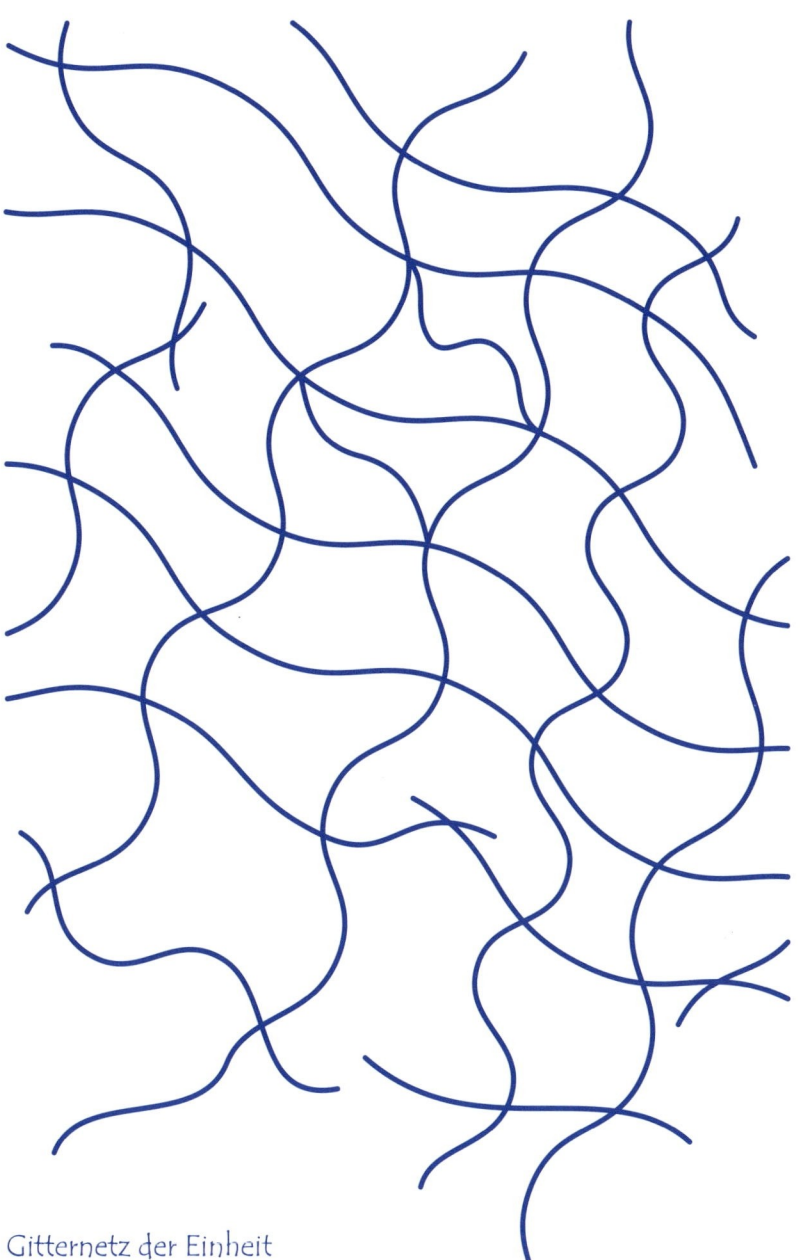

Gitternetz der Einheit

kommt, werdet ihr Menschen viel vitaler: Ihr habt völlig neue Kräfte zur Verfügung und ein ganz anderes Potenzial zum Leben.

Alle 12 Chakren sind in jeder Zelle. Und das ist das größte Bewusstsein, wenn diese Chakren aktiviert sind. Und so ist es auch mit all euren Organen. Jedes Organ hat ein 12-Chakren-System; jedes: euer Magen, eure Leber, jeder Lymphknoten trägt 12 Chakren.

FRAGE: Kann es sein, dass die Organe diese Erhöhung gespürt haben? Ich kann jetzt nur ein Beispiel von mir sagen: Ich hatte in den Tagen vor dem 8. November in verschiedenen Körperbereichen ungewöhnliche und besonders starke Schmerzen. War das eine Reaktion?

MICHAEL: Ja, natürlich - diese Energieerhöhung findet für alle Zellen statt und somit auch für alle Organe. Die Organe werden entgiftet und bekommen dadurch mehr Energie.

Auch Organe, die längst aus dem Körper entfernt wurden, können sich wieder melden - denn deren Energie ist ja immer noch da.

FRAGE: Gilt das auch für Knochen?

MICHAEL: Ja - auch jeder Knochen hat ein 12-Chakren-System; jeder Nerv ebenso, sonst würde die Akupunktur ja gar nicht funktionieren. Und diese Systeme wurden sehr stark aktiviert.

FRAGE: Das heißt, die Informationen der Einheit und des Mutes und des Vertrauens sind in jede einzelne Zelle aller Lebewesen geflossen?

MICHAEL: Ja. Und das hat fantastische Auswirkungen auf euren Körper und auf euer Leben auf der Erde. Fantastische Auswirkungen!

FRAGE: Kannst du uns dazu einige Beispiele sagen?

MICHAEL: Organe, die der Körper durch irgendwelche Umstände verloren hat, können wieder nachwachsen.

Eure komplette Ernährung wird sich umstellen. Ihr werdet intensiv spüren, was eurem Körper schadet - und das werdet ihr nicht mehr essen! Es wird wirklich so sein, dass ihr nur das esst, was euer Körper wirklich will - und nicht euer Verstand, eure Gewohnheit.

FRAGE: Das wird so deutlich zu spüren sein, dass man gar nicht auf die Idee kommt, etwas anderes zu essen?

MICHAEL: Ganz genau!

FRAGE: Wird sich das negativ äußern - dass man also weiß, das tut eigentlich nicht gut, und dann isst man es halt nicht, obwohl man Lust drauf hätte? Oder wird sich das positiv äußern, dass man einfach keine Lust mehr auf Lebensmittel hat, die dem Körper schaden?

MICHAEL: Das wird sich nur positiv äußern - denn nur positiv wird sich alles verändern! Auch die Kamasha-Essenzen verändern sich. Ihre Schwingungen werden stark erhöht.

FRAGE: *Wie wird das geschehen?*

MICHAEL: Sie gehen in eine andere Dimension, auf eine neue Ebene.

FRAGE: *Heißt das, diese Essenzen haben andere Auswirkungen oder ...*

MICHAEL: Sie werden den Schwingungserhöhungen angepasst! Sie schwingen sehr, sehr viel mehr. Wenn bei euch die Energien erhöht wurden, muss das bei den Essenzen ebenfalls geschehen, denn sie begleiten und helfen euch ja auf energetischem Wege.

FRAGE: *Kann es sein, dass die letzten drei oder vier Jahre insgesamt wie ein Vakuum waren, aber ein eher negatives?*

MICHAEL: Es war eine sehr harte Vorbereitungszeit für die Erde. Und ihr Menschen habt es geschafft! Ihr habt es geschafft, in diese neue Lichtebene einzudringen! Deshalb wurden auch diese vier Tore geöffnet - genau in diesen vier Krisengebieten.

FRAGE: *Warum wurde eigentlich über dem Nahen Osten kein Gittertor geöffnet - in Israel zum Beispiel eskaliert es doch dauernd?*

MICHAEL: China ist weitaus mehr an der Weltmacht interessiert als alle anderen Länder. Und sie haben Bomben, die die ganze Welt zerstören können. Die Israelis haben das nicht, die Irakis nicht, der Iran nicht - aber China ...

FRAGE: Ich habe deshalb gefragt, weil so viele Menschen in Israel in Angst gebracht und auch getötet werden. Und es heißt doch auch, dass gerade über dem Nahen Osten ein so genanntes „Tor der dunklen Mächte" wäre, dass dort immer wieder Kämpfe mit den geistigen Lichtkräften stattfinden würden. Ist das so – und wenn ja, wird sich etwas ändern?

MICHAEL: Auch da wird es Veränderungen geben. Aber aus unserer Sicht – aus der Sicht der geistigen Welt – war es wichtig, die Tore dort zu öffnen, wo es am meisten kriselt, wo es am meisten um die Weltmacht geht. Doch auch in den anderen Krisengebieten wird es Veränderungen geben.

ANTWORT: Dass in China die Machtbestrebungen so stark sind, ist eigentlich gar nicht bekannt – man hört so gut wie nichts darüber ...

MICHAEL: Sie zerstören immer noch die tibetische Kultur und damit unendlich viel altes Wissen. Deshalb wurde dort ein Tor geöffnet.

FRAGE: Du hast auch von einem Tor über Indonesien gesprochen. Ist denn dort eine so starke Macht?

MICHAEL: Durch die indonesische Regierung wird sehr viel Unterdrückung gelebt. Und auf Bali ist das vierte Chakra der Erde ...! Es ist ganz, ganz wichtig, dieses Chakra zu schützen! Deshalb wurde dieses Tor geöffnet.

FRAGE: Wenn es so ist, dass die Zellen aller Lebewesen diese neuen Zellinformationen haben, diese höhere Schwingungsfrequenz – gilt das auch für Delphine und Wale? Du hast ja davon gesprochen, dass sie vom Aussterben bedroht sind, dass sie sich zurückziehen wollen. Wird sich für sie ebenfalls etwas verändern?

MICHAEL: Für die Delphine und Wale wird sich einiges verändern mit diesem neuen Bewusstsein der Erde. Sie haben mit ihrem Bewusstsein dazu beigetragen, dass die Erde in den letzten vier Jahren nicht mit Wasser überschwemmt wurde.

FRAGE: Die letzten vier Jahre waren also besonders brisante Prüfungsjahre für die Erde?

MICHAEL: Ja. Die Delphine und Wale haben mitgeholfen, die Energie zu halten für die Erde und für die Menschen.

FRAGE: Helfen sie weiterhin mit, diese Energie zu halten, oder wollen sie sich von der Erde verabschieden?

MICHAEL: Es ist ein sehr schwieriger Prozess ... (Michael macht eine sehr lange Pause) ... doch sie werden da-bleiben.

Aber für die Menschen ist es sehr wichtig, niemals die Verantwortung abzugeben. Jeder Mensch muss sich bewusst machen, dass diese Wasserverschmutzung, diese Luftverschmutzung von Menschen gemacht wird.

Diese Energieerhöhung und die Tatsache, dass die Delphine und die Wale auf der Erde bleiben wollen, bedeutet nicht, dass die Menschen sich jetzt ausruhen sollen.

Bleibt in eurer Verantwortung!

FRAGE: Jetzt muss ich doch mal nachfragen, und das tue ich eigentlich aus ganz egoistischen Gründen: Diese Menschen, diese Gruppen, die mithelfen, die Erde zu informieren und sie zu reinigen und zu erhalten - wie weit sind die eigentlich geschützt? Du hast uns ja erklärt, dass jede Verschmutzung des Wassers auch unsere Zellen verschmutzt. Was geschieht also mit uns?

MICHAEL: Wenn ihr das Wasser schützt, wenn ihr es segnet und reinigt, bevor ihr es trinkt, dann reinigt sich dadurch auch euer Körper. Eure Energien werden dadurch immer stärker.

FRAGE: Das heißt also für uns: Bevor wir das Wasser trinken, sollen wir es segnen?

MICHAEL: Ja! Und vergesst die Goldblättchen nicht! Das ist ganz besonders wichtig. Denn gerade jetzt brauchen eure Zellen noch viel mehr die Schwingung des Goldes, um die Energien zu halten.

FRAGE: Auch Rosenquarz dazu und die anderen Kristalle?

MICHAEL: Ja! Doch etwas anderes ist noch ganz besonders wichtig: Tragt keine Uhren mehr! Denn diese Armbanduhren wirken jetzt noch viel stärker auf euren Puls und verändern eure Herz-Frequenz.

Es ist ganz, ganz wichtig: Tragt keine Uhren mehr direkt am Körper! Das ist wichtig für diesen Lichtprozess.

FRAGE: Wieso kann die Uhr unsere Herz-Frequenz verändern? Ich habe schon öfter gemerkt, dass meine Armbanduhr unregelmäßig geht, je nachdem, ob ich besonders im Stress bin oder in einer Ruhephase. Ich denke also, da hat doch wohl eher der Körper Einfluss auf die Uhr als umgekehrt?

MICHAEL: Diese Mechanik der Uhr geht auf deinen Puls, denn du trägst die Armbanduhr ja am Puls. Dadurch geht diese Information ins Blut - diese Information des Tickens, diese Information der Zeit.

FRAGE: Kann ich das so verstehen: Die Uhr vermittelt uns das Zeitverständnis, das ja wiederum vom Menschen geschaffen ist?

MICHAEL: Ja - und wenn dir jemand sagt, du stirbst mit 80, dann wirst du auch mit 80 sterben ...

Dein Verstand glaubt, dass es 9 Uhr ist - aber dein Herz nicht ...

ANTWORT: Stimmt, wir haben es ja am 8. November 2003, dem Tag der Energieanhebung, erlebt: Die Zeit war aufgehoben.

MICHAEL: Deshalb ist es so wichtig, keine Uhr mehr am Körper zu tragen.

FRAGE: Ja, aber jetzt meldet sich bei mir wieder der Pragmatiker: Ich lebe nun mal in diesem Gesellschaftssystem, das in bestimmten Zeit-Räumen arbeitet. Wenn ich meine beruflichen Pflichten erledigen und Termine wahrnehmen soll, dann muss ich mich an bestimmte Uhrzeiten halten. Noch kommen wir in unserem Gesellschaftssystem nicht ohne Uhr aus ...

MICHAEL: Dann trage die Uhr in deiner Tasche! Aber trage sie niemals direkt am Körper, am Puls.

ANTWORT: Dazu kann ich aus eigener Erfahrung sagen: Man kann lernen, ohne Uhr auszukommen! Manchmal weiß ich die Uhrzeit auf fünf Minuten genau.

MICHAEL: Schaut euch die Kinder an, die noch völlig in der Einheit sind: Mit dem Sonnenaufgang wachen sie auf, und wenn es dunkel wird, werden sie müde. Da ist der Rhythmus noch da, der Gleichklang mit der Natur - die Einheit!

FRAGE: Speziell zur Natur habe ich jetzt noch eine andere Frage: Mir und einigen anderen Menschen ist aufgefallen, dass gerade jetzt, in diesem Herbst 2003, die Blätter der Bäume viel goldener sind. Es ist ein traumhaftes Gold in diesen Herbstblättern - und es hält sich auch so ungewohnt lange. Hat das ebenfalls etwas mit der Energieerhöhung zu tun?

MICHAEL: Ja. Dieses neue Licht kommt auch in alle Pflanzen.

FRAGE: Haben wir deshalb auch in diesem Jahr so viel Sonne bekommen? Es war ja in Deutschland noch nie der Fall, dass wir so viele Sonnentage hatten.

MICHAEL: Das lag ebenfalls an dieser Vorbereitungszeit, ja - damit die Pflanzen sich mehr und mehr von diesem Licht ernähren können.

FRAGE: Die Menschen doch aber auch ...?

MICHAEL: Ja.

FRAGE: Ich habe die Beobachtung gemacht, dass die Menschen viel offener werden durch diese Sonne, viel umgänglicher. Ist das ein Vorbereitungsprozess dazu, dass wir - gerade wir in unseren Breiten - weicher werden ...?

MICHAEL (macht erst eine lange Pause, bevor er langsam antwortet): ... und viel sensibler werden! Ja!

FRAGE: Stimmt mein Gefühl, dass das aber nicht nur positiv ist? Mir ist aufgefallen, dass du etwas gezögert hast mit deiner Antwort. Hat diese Pause etwas zu bedeuten?

MICHAEL: Diese Pause hatte zu bedeuten, dass viele Menschen die Hitze nicht so gut vertragen haben. Diese Wärme ging sehr stark auf eure Körper. Und dieses Licht reinigt ... Die Sonne reinigt extrem stark. Und auch das war ein Zeichen, eine Vorbereitungszeit für diese neue Energie-Frequenz.

Es hat auch sehr viel damit zu tun, dass so viele Menschen sich vereinigt und ein Zeichen gesetzt haben, als dieser Krieg im Irak losging. Sie haben gebetet, sie haben meditiert, sie sind für das Licht gegangen.

ANTWORT: Schon zu dieser Zeit, im Frühjahr 2003, war ja ständig strahlender Sonnenschein ...

MICHAEL: So viele Menschen sind zusammengekommen durch diesen Krieg, so viele Menschen haben sich getroffen, um das Licht zu manifestieren.

FRAGE: Dann war das ja eigentlich ein Austausch zwischen Menschen und Sonne?

MICHAEL: Zwischen Menschen und Licht! Die Sonne ist das Symbol für das Licht.

ANTWORT: Ja, stimmt. Das Licht wurde uns also über die Sonne gespendet, die Menschen haben dieses Licht manifestiert, und so wurde das praktisch ein Austausch: Immer mehr Licht kam auf die Erde zurück.

MICHAEL: Ja, so war es!

FRAGE: Ich sehe auch immer mehr Zeichen für den Beginn einer neuen Zeit. Am 30. Oktober 2003 kam zum Beispiel die Nachrichtenmeldung, dass eine neue Galaxie entdeckt wurde - diese Galaxie habe viele tausend Sonnen, hieß es. Die Wissenschaftler gaben dieser Galaxie den Namen Lux-Bogen - also Licht-Bogen. Gilt diese Entdeckung als weiterer Hinweis für Veränderungen auf der Erde?

MICHAEL: Es wird noch viel, viel mehr entdeckt werden! Noch viel, viel mehr. Es wird auch viel neues Wissen auf die Erde kommen - und dies ist altes Wissen, das neu entdeckt wird!

FRAGE: Ich wurde mehrfach nach dieser besonderen Sternenkonstellation am 8. November 2003 gefragt. Es heißt, da wäre auch der Davidsstern am Himmel zu sehen gewesen. Kannst du uns dazu etwas sagen?

MICHAEL: Es kam eine ganz große Energie zur Erde, und sie kam auch durch diese besondere Sternenkonstellation.

Der Davidsstern bringt immer das Neue und lässt das Alte gehen.

FRAGE: Das heißt, der Davidsstern war schon öfter zu sehen – und immer gab es dann besondere Situationen für die Erde?

MICHAEL: Ja! Immer zu besonderen Situationen für die Erde wird der Davidsstern manifestiert.

FRAGE: Manifestiert heißt also, dass er vorher eine andere Qualität hatte ...?

MICHAEL: Er wird nur zu diesen besonderen Situationen sichtbar!

FRAGE: Und sonst sieht man ihn nicht?

MICHAEL: So ist es.

FRAGE: Da gab es doch noch eine andere besondere Konstellation: Ich habe gelesen, dass Pluto und Neptun alle 60.000 bis 90.000 Jahre diese Konstellation haben, die jetzt auch wieder zu sehen ist. Ist das richtig?

MICHAEL: Ja, das ist richtig.

FRAGE: Pluto steht für Wandlung, für Transformation, und Neptun für die Einheit und die Auflösung des Alten ...?

MICHAEL: Ja. Doch das Allerwichtigste ist, dass diese Energie sich auf der Erde manifestiert hat.

FRAGE: Kannst du uns etwas zu Veränderungen sagen, die außerdem noch durch diese neuen Energien geschehen werden?

MICHAEL: Die Veränderung für euch ist, dass das Leben viel einfacher wird. Dass ihr euch trauen könnt, das Leben zu lieben, das Leben zu genießen. Dieser Leidensdruck, der sich so lange manifestiert hat in euch ...

ANTWORT: ... und der immer stärker wurde ...

MICHAEL: ... dieser Druck ist weg.

FRAGE: Das heißt, es werden Ereignisse auf uns zukommen, die das Bewusstsein der gesamten Menschheit verändern in Bezug auf alle Lebewesen der Erde - so dass wir die Kraft, das Wissen und auch die Frequenzen der Liebe haben werden, dies alles zu leben?

MICHAEL: Ja - und zwar gemeinsam zu leben! Die Einheit bedeutet, dass die Menschen wieder zusammenfinden, dass sich Grenzen auflösen - auch zwischen den Ländern! Dass wirklich wieder eine Einheit da ist zwischen den Menschen.

FRAGE: Werden auch die Politiker künftig verantwortlicher arbeiten - und die Institutionen, die zurzeit die eigentliche wirtschaftliche Macht ausüben, wie Banken, Versicherungen und so weiter?

MICHAEL: Alles wird sich verändern. Auch das.

FRAGE: Ist dieser gesamte Aufstiegsprozess dann endgültig bis zum Jahre 2012 beendet?

MICHAEL: Der Prozess des Aufstiegs in die fünfte Dimension wird zwischen 2006 und 2008 geschehen.

FRAGE: Wieso nicht mehr erst zum Jahre 2012?

MICHAEL: Weil die Energie sich bereits sehr stark manifestiert hat und jetzt viel, viel schneller durch eure Körper fließt – und weil zwischen 2006 und 2008 die so genannte „kritische Masse" erreicht sein wird.

FRAGE: Das heißt, bis dahin haben sich genügend viele Menschen für den Lichtweg entschieden ...?

MICHAEL: Ein Drittel der Menschheit ist notwendig, um die „kritische Masse" zu erreichen. Und das wird bis 2008 geschehen sein.

FRAGE: Aber zwei Drittel der Menschen gehen demnach bis dahin diesen Weg noch nicht – entweder, weil sie nichts davon wissen oder es von ihrer Reife oder von ihrem Bewusstsein her nicht begreifen können, oder, weil sie den Weg ganz einfach nicht gehen wollen. Was geschieht mit diesen Menschen?

MICHAEL: Sie dürfen sich der Liebe stellen!

Sie werden ihre Körper nicht verlassen, sondern werden in diese Ebene mit hineingehen. Und sie dürfen sich der Liebe hingeben! Doch das bedeutet, dass es noch viel mehr Menschen braucht – Therapeuten, Heiler –, um diese Liebe zu manifestieren.

FRAGE: Heiler und Therapeuten, die diese Intention weitertragen?

MICHAEL: Ja.

Aber es wird nicht so sein, dass durch diesen Aufstieg viele Menschen ihren Körper verlassen und in andere Dimensionen gehen.

Es wird keine Ufos geben, die euch abholen! Ihr alle werdet den Übergang in die neue Zeit hier auf der Erde erleben!

FRAGE: Es gibt Erzählungen, die besagen, dass die Erde einen Polsprung machen würde - dass da, wo jetzt Land ist, die Meere sein würden und umgekehrt, so wie es schon einmal gewesen sein soll. Durch diesen Polsprung sollten dann die Menschen, die sich dem Lichtweg nicht öffnen wollen, die Erde verlassen. Stimmt das, oder ist das nur ein Mythos, um den Menschen Angst zu machen? War das mal in der Planung - und wenn ja, hat sich dieser Plan jetzt geändert?

MICHAEL: Alles verändert sich. Die Energie muss nicht mehr in einer solchen Heftigkeit auf die Erde kommen, dass irgendetwas zerstört wird. Und dies geschah durch die Bereitschaft der Menschen, den Weg des Lichts zu gehen.

FRAGE: Und bis zum Jahre 2008 wird dieser gesamte Prozess abgeschlossen sein?

MICHAEL: Ja, denn bis dahin wird die Energie so weit manifestiert sein, dass die Erde in die fünfte Dimension übergegangen ist.

FRAGE: Und was geschieht dann? Was heißt das konkret für die Erde, für die Menschen, für Mineralien, Pflanzen und Tiere?

MICHAEL: Freiheit!

Es heißt, ein völlig anderes Bewusstsein zu leben: neues Denken, neues Fühlen, neues Handeln ...

ANTWORT: Das ist für uns noch kaum begreiflich.

FRAGE: Darf ich mir das so vorstellen, wie einst das Leben auf Lemuria war?

MICHAEL: Ja - dass das Bewusstsein wirklich wieder in Liebe und Schönheit ist und dass alles in dieser Schönheit wahrgenommen wird und erblüht.

FRAGE: Ich habe mal gelesen, dass Seelen vom Sirius, vom Orion und von den Plejaden uns in diesem Prozess begleiten mit ihrem alten Wissen. Stimmt das?

MICHAEL: Ja. Es werden sehr viele dabei sein - und sehr viele sind bereits auf der Erde.

FRAGE: Ich möchte noch einmal zurückkommen auf das, was du uns über diese Fülle von Sonnentagen im Jahre 2003 gesagt hast. Du hast uns erklärt, sie waren eine Vorbereitung für die Pflanzen, sich immer mehr von Licht zu ernähren.

Wir wissen aber auch von dir, wie lebenswichtig das Wasser ist - für die gesamte Erde, für die Pflanzen, die Tiere und die Menschen. Jetzt sind durch diese vielen Sonnentage die Pegelstände der Flüsse und Bäche aber so rapide gesunken wie noch nie. Wie vereinbart sich das alles?

MICHAEL: Du meinst, wie Natur und Menschen ohne Wasser leben sollen? Nun, durch diese Sonnenenergie

stellt sich alles um: Die Natur wird von dieser Sonnenenergie getragen. Dass auch ihr ohne Wasser leben
könnt, ist ja durch den Lichtnahrungsprozess stark verankert. Dieser Prozess widerlegt ja alles - er zeigt, dass ihr
ohne Wasser und ohne Nahrung leben könnt.

*FRAGE: Es heißt doch aber auch, Wasser ist nach wie vor ein
Lebensquell. Ich denke mir, dass wir zurzeit weniger Wasser
haben, hängt vielleicht damit zusammen, dass wir unser
Bewusstsein zum Leben verändern sollen. Dass wir sorgfältiger
mit dem Wasser umgehen sollen.*

MICHAEL: Ja! Zurzeit ist es jedoch noch sehr wichtig,
viel zu trinken - Erzengel Michael hat euch ja gesagt, drei
bis fünf Liter pro Tag. Das ist notwendig, um die ganzen
Gifte, die in eurem Körper sind, auszuschwemmen. Doch
wenn sich euer Körper umgestellt hat - wenn die Nahrung, die ihr zu euch nehmt, wirklich frei ist von Giften,
wenn eure Organe nicht mehr belastet sind - dann
braucht ihr auch weniger Wasser.

*ANTWORT: Das beobachte ich gerade an mir: Ich ernähre mich
anders - das kam automatisch, fast wie von selbst -, und jetzt
habe ich auch nicht mehr so viel Durst. Ich trinke sehr viel weniger als vorher.*

MICHAEL: Klar - das hat damit etwas zu tun!

Doch es ist sehr wichtig: Geht bewusster mit dem Wasser
um. Geht mit allem bewusster um - mit dem Autofahren, mit dem Strom, mit eurem Müll, mit allem!

FRAGE: Zum Strom habe ich eine spezielle Frage: Es gab ja im Jahre 2003 viele große Stromausfälle in verschiedenen Regionen der Erde. Dazu wurde unter anderem gesagt, das sei ein Machtakt, um die Menschen in Angst zu halten. Stimmt das?

MICHAEL: Nicht in Angst! Es ist wichtig, dass ihr lernt, auf andere Energiequellen umzusteigen. Das ist das Wichtige - und nicht, um euch in die Angst zu schicken.

FRAGE: Welche anderen Energiequellen meinst du konkret?

MICHAEL: Den Wind, das Wasser, die Sonne! Sie ist immer da, die Sonne. Nehmt diese Strom erzeugenden Elemente!

Es ist so sehr wichtig für alle: Nehmt anderen Strom, keinen Atomstrom!

(Michael sagt es sehr laut und nachdrücklich.)

Bitte: Nehmt anderen Strom!

FRAGE: Wenn du sagst, alles, was nicht in Liebe ist, wird zusammenbrechen, dann können wir ja die berechtigte Hoffnung haben, dass es bald keine Atommeiler mehr geben wird?

MICHAEL: Je mehr Menschen aufwachen, umso weniger Macht haben die Betreiber von Atommeilern. Je mehr Menschen aufwachen, umso weniger verkaufen diese Betreiber von ihrem gefährlichen Strom - bis es sie eines Tages nicht mehr gibt.

FRAGE: Aber was wird sein, wenn wir unseren Wirtschaftskreis-
lauf ändern - dann fallen doch auch viele Arbeitsplätze weg, es
entstehen Existenzängste ...?

MICHAEL: ... und es kommen neue Arbeitsplätze! Es werden sehr viele neue Arbeitsplätze entstehen!

FRAGE: Das heißt, es wird keine Ängste geben, es wird kein
Chaos geben, denn diese Zeit ist jetzt vorbei?

MICHAEL: Ja! Und es wird viel Neues entstehen - sehr viel! Es werden jetzt sehr schnell sehr viele neue Techno- logien auf die Erde kommen, und damit gibt es auch viele neue Arbeitsplätze.

FRAGE: Was verstehst du unter sehr schnell - hier bei uns auf
der Erde gilt ja ein etwas anderer Zeitbegriff als in den geistigen
Dimensionen ...?

MICHAEL: Bis zum Jahre 2008 wird alles in einer neuen Ordnung sein!

FRAGE: Es heißt, es wurden Menschen zu uns geschickt , die
dieses neue technische Wissen vom Sirius oder von wo auch
immer hier auf die Erde bringen. Dieses Wissen ist also schon
präsent und kann in 2008 umgesetzt werden?

MICHAEL: Dieses Wissen ist schon sehr lange präsent, schon viel länger, als ihr es euch denken könnt!

ANTWORT: Es sind verschiedene Bücher auf dem Markt, die
von spektakulären Erfindungen und neuen Technologien
berichten, deren Verbreitung bisher von Lobbyisten unter-
drückt wurde.

ANTWORT: Es geht aber auch um diese momentane Existenz-angst, die überall umgeht ...

MICHAEL: Ja, und diese Angst ist sehr berechtigt! Die Menschen sollen endlich umdenken! Auf der ganzen Erde! Alle!

ANTWORT: Was vielen ebenfalls große Angst macht, ist diese Ausbildungssituation, die Lehrstellensituation der Kinder ...

MICHAEL: Wenn sie ihr Wissen auf die Erde bringen dürften, wäre niemand arbeitslos! Lasst die Kinder das Wissen auf die Erde bringen!

Wirklich: Lasst sie ihr Wissen auf die Erde bringen! Das ist ein ganz großer Aufruf von der geistigen Welt!

FRAGE: Heißt das, die Kinder, die jetzt geboren werden oder die einige Jahre alt sind, tragen alle ein ganz besonderes Wissen in sich?

MICHAEL: Ja! Das neue Wissen der Erde!

FRAGE: Welche Generation betrifft das? Um es zu konkretisie-ren: Ab wann sind diese Kinder geboren?

MICHAEL: Seit 1987.

FRAGE: Wir sollen also jetzt nicht in Panik ausbrechen wegen mangelnder Lehrstellen und so weiter, sondern sie einfach sein lassen?

MICHAEL: Was nutzt es, wenn diese Kinder etwas tun, was sie sowieso nicht wollen? Lasst sie gewähren - es ist das Denken der neuen Zeit!

FRAGE: Du hast gesagt, der Zeitraum bis zur endgültigen Veränderung ist jetzt viel kürzer: Statt bis 2012, wie es zuerst hieß, wird bis 2008 alles, was nicht in Liebe ist, zusammenbrechen ...

MICHAEL: Ihr seht ja, was zurzeit alles passiert! Es wird alles viel, viel schneller gehen - das spürt ihr ja gerade!

FRAGE: Verändert es sich in Liebe?

MICHAEL: Es verändert sich in ein neues Bewusstsein der Liebe!

FRAGE: Institutionen, die zurzeit die Macht haben, werden also nicht zwangsläufig alle zusammenbrechen, sondern es werden auch welche transformiert?

MICHAEL: Erst einmal ist es wichtig, dass sie lernen, die Macht abzugeben. Und das bedeutet, es wird ein Teil auch zusammenbrechen. Doch aus diesem Zusammenbruch entsteht etwas Neues. Und dadurch verändert sich alles.

ANTWORT: Da sind wir ja mittendrin: Die Pharma-Konzerne wenden sich an die Politiker, die Verbraucher greifen immer mehr zu Naturheilmitteln - das heißt, die Pharma-Industrie hat nicht mehr diesen Umsatz, nicht mehr diese Macht und das Geld - es bricht ja wirklich alles zusammen, auf allen Ebenen.

FRAGE: Aber das geschieht ja anscheinend zusammen: In dem Moment, wo etwas zusammenbricht, kommt schon das Neue. Offensichtlich gibt es kein Vakuum - es kommt die Lichtenergie, und die schafft was Neues. Geht das also alles konform?

MICHAEL: Ja, es ist ein gleichzeitiger Prozess, dass viele neue Licht-Firmen auf die Erde kommen und dass an vielen, vielen neuen Technologien geforscht wird.

FRAGE: Sind das Technologien, die es schon längst gibt, die aber bisher unterdrückt wurden von der Lobby der jeweiligen Wirtschaftszweige, wie zum Beispiel Pharma, Auto, Strom und so weiter?

MICHAEL: Sie wurden unterdrückt, ja. Aber das geschieht jetzt nicht mehr. Es wird sich ändern! Es wird sich alles ändern. All das, was nicht in Liebe ist – ihr spürt ja gerade, wie das alles zusammenbricht.

ANTWORT: Ja, ich ertappe mich immer wieder dabei, wie ich das alles beobachte – aber ich bin völlig ruhig, ich habe keine Angst! Und wenn ich mit Menschen spreche, versuche ich ihnen diese Angstfreiheit zu übermitteln.

MICHAEL: Du bist ganz ruhig, denn du hast das alles ja schon gewusst! Und auch dieses Buch, das gerade entsteht, trägt eine ganz besonders wichtige Energie: die Energie von Mut, von Vertrauen und von Licht.

Gibt es noch Fragen?

FRAGE: Ja, dieser Auftrag für die 12 Kamasha-Zentren, die bis zum Jahre 2012 entstehen sollen – bleibt der bestehen?

MICHAEL: Ja, er bleibt bestehen; jetzt noch viel, viel stärker. Und es wird auch hier viel schneller gehen.

Immer wieder haben verschiedene Energien versucht, den Aufbau dieser Zentren zu stoppen, die Energie der Manifestationen zu stoppen. Aber nun ist alles frei, und nun kann noch sehr, sehr viel mehr geschehen!

Alles heilt. Es geschieht sehr viel, und alles ist auf einem guten Weg.

Und wenn dieses Buch in die Welt geht - es wird noch sehr viel mehr Menschen erreichen als das erste Buch -, ist es wichtig, dass ihr euch weiterhin trefft, um diese Energien zu halten, um sie noch intensiver zu manifestieren. Dieses Buch wird noch sehr viel mehr Rückmeldungen dadurch bringen, dass der Erde so viele Weisheiten gegeben werden.

Deshalb ist es wichtig: Trefft euch auch außerhalb der Channelings, um diese Energien zu manifestieren! Das ist ganz, ganz wichtig!

Es ist wichtig, dass ihr euch auch trefft, um all die Rückmeldungen, die auf das Buch kommen werden, gemeinsam zu lesen, durchzugehen, zu beantworten - um den Menschen nach außen zu zeigen: Wir alle sind da, das gesamte Team ist da, nicht nur Natara - wir a l l e sind da! Und deshalb trefft euch weiter und spürt die Resonanz darauf! Das ist wichtig.

ANTWORT: Es liegt mir am Herzen, dir noch einmal danke zu sagen. Diese ganze lange Zeit bis 2012 ... Ich habe immer gedacht: Was geschieht denn noch alles? Ich konnte es mir gar nicht vorstellen, noch bis 2012 durchzuhalten ...

Danke, dass dieser Prozess jetzt schneller geht und dass anscheinend jetzt nicht mehr, so viel Leid erforderlich ist. Danke für die Menschen und dafür, dass ich mit meiner Arbeit einen Beitrag leisten darf.

MICHAEL: Du kannst es auch allen sagen: Der Prozess, der jetzt mit den Essenzen geschieht, ist, dass ihre Schwingungen alle angehoben werden - auch deshalb, damit die Menschen wieder ihre Balance finden. Und alles ist gesegnet. Alles.

FRAGE: Wird es nach 2008 noch Krankheiten geben?

MICHAEL: Ja, die wird es noch geben. Ein Drittel der Menschheit ist in diesen neuen Energien, doch zwei Drittel sind dabei, noch zu kämpfen.

FRAGE: Das heißt, es gibt dann nur ein Entweder-oder? Entweder für die Liebe zu sein oder nicht für die Liebe? Heißt das dann, Krankheiten zu bekommen? Oder gibt es auch ein Zwischendrin?

MICHAEL: Es gibt immer ein Zwischendrin bei euch auf der Erde.

FRAGE: Es geht also weiter ...?

MICHAEL: Es geht weiter, aber in dem Maße, dass sich sehr viele Menschen für das Licht entscheiden werden.

FRAGE: *Aber die anderen haben doch hoffentlich auch dieselben Chancen ...?*

MICHAEL: Ja - mit jedem Atemzug haben sie die Chance, sich für das Licht zu öffnen! Und dadurch, dass ein Drittel der Menschen sich bewusst ist, dieses Licht in sich zu tragen, können immer mehr Menschen in dieses Licht eintreten. Viel mehr.

FRAGE: *Wie reagieren Zellen, die durch das Licht gereinigt wurden, auf Krankheiten?*

MICHAEL: Solange ihr noch in eurem Körper seid, zeigt euch der Körper, was er braucht. Und ihr werdet euren Körper behalten in der fünften Dimension! Ihr werdet ihn behalten! Es wird auch noch das Geld geben. Nur wird alles viel, viel, viel leichter gehen. So viel leichter.

Ihr lernt in der Zukunft schneller, wie Krankheiten transformiert werden können durch diese Heil-Energien, durch diese neuen Geräte, die auf die Erde kommen, durch die Heiler, durch die Techniken, die wir der Erde geben. Es wird alles viel, viel schneller gehen.

ANTWORT: *Ich denke auch, solange wir unseren Körper haben, müssen wir ja erkennen können, wo die Grenzen sind, wie weit wir unseren Körper belasten können. Wissen wir das noch nicht, gehen wir an diese Grenzen so hart ran, bis der Körper sagt: „Stop." Das kann eine Krankheit sein, das kann eine Verletzung sein ... Auch wenn wir in der fünften Dimension sind, sind wir noch lange nicht allwissend.*

MICHAEL: Das kann auch ein Unfall sein ... Doch ihr könnt viel, viel schneller lernen - ihr spürt sehr viel schneller.

FRAGE: *Wie ist das eigentlich mit dem Alterungsprozess?*

MICHAEL: Auch der verändert sich. Eure Zellen bekommen so viel mehr Licht!

FRAGE: *Sie können jung bleiben?*

MICHAEL: Sie können jung bleiben. Auch eure Hautzellen. Es kann sich wirklich alles, alles verändern - auch dass eure Zellen wieder in ihrer Kraft sind.

ANTWORT: *Das spüre ich zurzeit. Es kommt Kraft zurück, von der ich nie geglaubt habe, dass sie noch da sein könnte.*

MICHAEL: Ja, das stimmt. Und Kraft ist da - so viel! Ihr müsst sie nur nutzen und manifestieren.

FRAGE: *Wenn wir diese Kraft erkennen und nutzen sollen - gehört da auch dazu, dass wir in dieser Zeit viel Schlaf brauchen? Hilft uns der Schlaf, alles besser zu verkraften und zu transformieren?*

MICHAEL: Ihr braucht im Moment mehr Schlaf, um dem Körper zu helfen, der sich auf diese neuen Energien einstellen darf. Wenn dein Körper signalisiert, dass er Ruhe braucht, dann schlafe.

FRAGE: *Aber das ist doch individuell. Ich bemerke an mir, ich will im Moment einfach nur sein - ich habe Ruhebedürfnis, aber kaum Schlafbedürfnis. Deshalb meine Frage: Das ist doch sehr unterschiedlich?*

MICHAEL: Ja, das ist individuell sehr verschieden.

Dann lebt euch jetzt – feiert euch – feiert euch in der Energie des Herzens und lasst geschehen!

Nehmt die Essenz „Komm zu dir", und das Leben kommt zu euch, um wirklich bei euch zu sein mit diesem wunderschönen Geschenk der Liebe. Stellt die Essenz auf Bilder von Menschen, denen ihr helfen wollt, und nehmt die Essenzen selbst ein.

Ihr werdet unermesslich geliebt. Nehmt diese nützlichen Geschenke an und traut euch – traut euch wirklich –, sie zu leben. Ihr dürft sie annehmen!

Und erinnert euch immer daran:
Ihr seid das Licht.
Ihr seid die Liebe.
Ihr seid das Vertrauen.

Erzengel Michael ist alle Zeit mit euch.

Die Gedanken

Die Kraft der Gedanken

Botschaft vom 25. November 2003

Meine geliebten Kinder des Lichts,

das Bewusstsein von Erzengel Michael ist mit euch und grüßt euer Herz.

Wie schön, euch wieder zu treffen, um das Licht in euch und auf der Erde immer mehr zu verankern. Immer mehr.

Ihr manifestiert euer Leben durch eure Gedanken. Und was habt ihr nicht alles für Gedanken in eurem Leben! Gedanken sind Energien. Alles, was ihr denkt, schwebt in eurer Aura - und es schwebt darüber hinaus. Wenn ihr an eine andere Person denkt, schweben diese Gedanken zu dieser Person. Alles ist Energie.

Überlegt euch dieses Ausmaß: Alle Gedanken sind gespeichert im Kosmos.

Am Anfang war nicht das Wort - am Anfang war der Gedanke!

Gedanken sind so mächtig! Ihr könnt mit Gedanken so viel mehr manifestieren und zerstören als mit Worten! Es ist, weil die Gedanken in euch entstehen. Dadurch haben sie die doppelte, die dreifache Kraft von gesprochenen Worten.

Und das alles sendet ihr aus!

Gedanken entstehen in euch, und sie gehen direkt in euer Bewusstsein. Deshalb ist es so wichtig, dass ihr immer mehr erkennt, was ihr denkt. Dass ihr euch immer bewusster werdet: Was ihr denkt, wird viel schneller wahr als das gesprochene Wort.

FRAGE: Wie kann man das steuern? Wie kann man sich selbst dazu bringen, immer die richtigen Gedanken zu denken? Ich spreche von unserem Gesellschaftssystem, von diesen vielen Informationen durch die Werbung, durch die Medien, durch Lärm und Krach - sie brechen regelrecht auf uns ein. Wenn man in diesem Gesellschaftssystem leben will oder muss, kann man sich diesen Übergriffen kaum entziehen. Wie kann ich trotzdem meine Gedanken so steuern, dass sie möglichst positiv sind?

MICHAEL: Indem du dich niemals unter Druck setzt!

FRAGE: Das kann ich versuchen. Aber wenn ich jetzt beispielsweise auf einer Veranstaltung bin, auf der es laut und hektisch zugeht, wo laute Musik ist, wo die Gedanken der vielen Menschen durcheinander schwirren... Gib uns doch mal einen Tipp, wie wir da trotzdem diesem Druck entgehen können. Was können wir tun, um nicht in diesen Sog hineinzugeraten?

MICHAEL: Werde dir bewusst, dass du Liebe bist. Sende Liebe in diese Veranstaltung. Du kannst alles mit deiner Gedankenkraft bewirken - alles!

FRAGE: Ich kann also, wenn ich zum Beispiel in eine Veranstaltung komme mit ein paar hundert Leuten, wo mit lauter Musik gefeiert und getanzt wird - ich kann als Einzelperson mit meiner Gedankenkraft, mit dem Aussenden von Liebe dafür sorgen, dass in diese Veranstaltung eine friedliche Atmosphäre kommt?

MICHAEL: Ja! Das funktioniert!

ANTWORT: Das habe ich einmal bei einem Rock-Konzert in einer Millionenstadt erlebt. Es war ein tolles Konzert mit toller Musik, aber eigentlich auch prädestiniert, eventuell Aggressionen ausbrechen zu lassen. Ich habe das Gefühl der Liebe gesendet, und es war eines der friedlichsten Konzerte in meinem Leben.

MICHAEL: Musik ist eines der wundervollsten Medien, Energie zu senden. Wenn ihr alle Platten, Kassetten und CDs segnet und energetisiert, kommt immer die positive Schwingung der Musik in eure Aura.

FRAGE: Das hast du uns schon einmal gesagt, und das habe ich bei uns zu Hause auch gemacht und die entsprechenden Essenzen auf die Tonträger gestellt. Jetzt trickst uns aber die Technik aus: Mein Sohn lädt sich die Musik aus dem Internet nicht mehr auf eine CD-ROM, sondern in so ein kleines, rundes, eiförmiges Aufnahmegerät mit Speicherkapazitäten ohne Ende. Man kann absolut nichts draufstellen! Was kann man da machen? Wie kann man die positiven Schwingungen der Essenzen auf diese kleine, runde Festplatte bringen?

MICHAEL: Dann stelle die Essenzen direkt auf den Computer.

FRAGE: Ich bin jetzt sehr berührt von dem, was du uns über die Gedanken gesagt hast, denn genau über dieses Thema haben wir uns auf dem Weg zu diesem Channeling unterhalten. Du sagst, am Anfang war der Gedanke, nicht das Wort. Du hast gesagt, durch die Gedanken manifestieren wir uns. Jeder Gedanke ist somit auch im Kosmos manifestiert ...

MICHAEL: Alles ist manifestiert!

FRAGE: ... und das heißt, alles, was ich denke, geht nicht nur in mein Bewusstsein, sondern auch in das Bewusstsein eines jeden anderen Menschen?

MICHAEL: Durch das Kollektiv-Bewusstsein - ja!

FRAGE: Was können die Menschen tun - wir haben ja viele Fremdenergien, viele Fremdmanifestationen in uns durch Gedanken, durch Glaubenssätze nicht nur der Kollektiv-Gesellschaft, sondern auch durch unsere Eltern -, was können wir also tun, um diese Fremdeinflüsse aufzulösen?

MICHAEL: Werdet euch wirklich bewusst, dass die Liebe die stärkste Gedankenkraft ist.

Alle Menschen, alle Lebewesen sollen sich verbinden mit dieser Kraft der Liebe.

FRAGE: Jetzt werden sich aber viele das nicht so recht vorstellen können. Junge Menschen beispielsweise, die mitten in der Pubertät stecken, oder Menschen, die dieses Bewusstsein noch nicht haben - auch Klienten, die zur Beratung zu mir kommen. Wenn ich denen sage: Verbinde dich mit der Liebe ...

Wer noch nicht fühlen kann, was das bedeutet, wem das alles noch sehr neu ist - welche Meditation oder welche praktische Übung können diese Menschen machen, um zu spüren, um zu erfahren, was dieses Verbinden mit der Liebe bedeutet?

MICHAEL: Die größten Probleme sind ja die Ängste und die Manipulationen, die von jeder Litfass-Säule, von jeder Zeitung, von jeder Werbeschrift in eure Aura kommen.

Alles schwingt.
Jeder Buchstabe, der irgendwo gedruckt ist, schwingt.
Alles schwingt!
Und warum schwingt es?

FRAGE: Weil diese Buchstaben zum Beispiel vorher von Menschen erdacht und dann umgesetzt worden sind?

MICHAEL: Ja. Und weil ihr etwas damit verbindet.

FRAGE: Und weil diejenigen, die diese Buchstabenfolgen, diese Satzfolgen erdacht haben, damit etwas bezwecken - weil sie uns nämlich manipulieren wollen?

MICHAEL: Ja. Weil jeder von euch damit etwas verbindet.

FRAGE: Das heißt, wir müssen mit unserer Gedankenkraft Wege finden, um diese Assoziationen gar nicht erst aufkommen zu lassen?

MICHAEL: Ja! Alles, was auf Erden geschrieben steht, ist Schwingung. Und das alles schwingt auch in eurer Aura, in euren Zellen, in eurem Bewusstsein. Das ist ein riesengroßer Ballast!

Ich gebe euch eine Übung - einmal, um die Gedankenkraft der Liebe zu verstärken, zum anderen, damit ihr diesen Assoziationen nicht mehr ausgesetzt seid. Durch diese Übung werden alle Manipulationen gelöscht, die von außen auf euch einwirken.

Macht folgende Übung:

Legt eure Fingerspitzen an eure Schläfen, dorthin, wo ihr den Puls spürt.

Drückt zart auf diesen Punkt.
Ihr werdet spüren, wie leicht der Kopf wird.
Alle Gedanken verfliegen.

Wenn ihr das 9 Minuten lang macht, mindestens 48 Tage lang hintereinander, dann ist alles gelöscht. Dann könnt ihr euch wirklich wieder selbst fühlen.

FRAGE: 48 Tage lang, weil das zusammengezählt die 12 ergibt mit der Quersumme 3?

MICHAEL: Ja.

FRAGE: Bei mir haben die Hände angefangen zu zittern. Wie kommt das?

MICHAEL: Weil die Energie so stark ist! Was habt ihr anderen gefühlt?

ANTWORT: Ebenfalls eine starke Energie. Ich habe aber auch gemerkt: Ich gehe bei dieser Übung heraus aus der Zeit-Dimension. Ich spürte in mir nur dieses OM. Ich konnte mich nicht darauf konzentrieren, wann die Übung zu Ende ist, wann die 9 Minuten um sind. Sollen sich die Menschen den Wecker stellen, um die Übung in Ruhe machen zu können?

MICHAEL: Ihr könnt euch gerne den Wecker stellen.

Und was hast du empfunden?

ANTWORT: Bei mir hat es zunächst pulsiert an den Schläfen, sehr lebendig pulsiert. Und dann habe ich gespürt, wie ich frei werde, wie die Gedanken plötzlich weg...

MICHAEL: ... wegfliegen! Da ist keine Kontrolle von außen mehr über deine Gedanken!

ANTWORT: Ja, genau! Es fühlt sich so an, wie es bei einer Meditation sein sollte: frei von Gedanken. Bei Meditationen klappt das oft nicht so richtig, aber mit dieser Berührung an den Schläfen geht es ganz von selbst!

MICHAEL: Und diese Übung ist ein Beschleuniger, ein Kraftverstärker.

ANTWORT: Ja, das spüre ich genau.

FRAGE: Spürt man das Ergebnis dieser Übung eigentlich sofort oder erst nach 48 Tagen?

MICHAEL: Ihr spürt es sofort, doch völlig gelöscht sind die Informationen der Manipulation erst nach 48 Tagen.

FRAGE: Können dann wieder neue Informationen in die Aura gelangen?

MICHAEL: Nein! Dann ist eure Gedankenkraft, eure Aura so stark, dass euch niemand mehr über Gedanken, über Werbeschriften, über Radiowellen und irgendwelche Frequenzen, über Zeitungen oder Bücher manipulieren kann!

FRAGE: Wie genau müssen wir den Punkt an der Schläfe treffen, wie exakt muss das sein?

MICHAEL: Dieser Punkt geht über die gesamte Schläfen-Region eures Kopfes. Es ist gut, ihn mit mindestens zwei Fingern zu berühren und leicht zu drücken.

FRAGE: Wir hatten beim letzten Treffen von den Kindern gesprochen, speziell von der neuen Generation ab 1987, die ja ganz neues Wissen auf die Erde bringen und in ihrer Persönlichkeit bestärkt werden sollen. Ich denke jetzt an meinen 16-jährigen Sohn und an meine 14-jährige Tochter. Eine solche Übung wäre doch gerade für diese Kinder und Jugendlichen besonders wichtig. Kannst du uns eine Erklärung geben als besondere Motivation für sie?

MICHAEL: Jugendliche können auch den Herz-Chakra-Punkt drücken. Er ist vier bis fünf Zentimeter unterhalb des Halses. Diesen Punkt können sie mit kreisenden Bewegungen nach links leicht massieren - in das Herz hinein. Das können Jugendliche machen und die Kinder ebenso. Diese Übung sollte in der Schule gelehrt werden, aber auch in den Kindergärten. Das sollten Lehrer und Erzieher wirklich tun!

Aber es wird alles zusammenbrechen. Diese gesamte Struktur der Schulen ist nicht mehr förderlich für Kinder, und sie ist nicht mehr förderlich für Lehrer. Alles wird sich umstellen.

Und was hast du bei dieser Übung gespürt?

ANTWORT: *Ich habe nicht so viel gespürt. Ich glaube, ich muss diese Übung noch einmal in Ruhe machen.*

MICHAEL: Ja, tue das. Und wie ist es dir ergangen, was hast du gefühlt?

ANTWORT: *Ganz leicht habe ich mich gefühlt - ganz leicht und zeitlos.*

MICHAEL: Dieser Punkt ist das Tor zu einer neuen Ebene.

Alles ist Energie! Jedes geschriebene Buch ist Energie! Alles - jeder geschriebene Buchstabe - hat eine Resonanz zu euch. Doch das hört auf, wenn ihr diese Übung macht.

FRAGE: Nochmal zum besseren Verständnis für die Leser: Diese Punkte an der Schläfe sind das Tor zu einer neuen Ebene, sagst du. Zu welcher Ebene?

MICHAEL: Zu einer neuen Energie-Ebene, die für die neue Dimension sehr wichtig ist.

Es ist ein Dimensions-Tor, um die Kraft eurer Gedanken zu verstärken. Und wenn die Liebe immer mehr in euch fließt, wird eure Gedankenkraft stärker, und die Manipulation, die ihr erfahren habt, wird gelöscht. Sie verschwindet sogar aus eurem Zellgedächtnis.

FRAGE: Sind wir damit teilweise schon in der fünften Dimension, oder ist das ein Tor auf dem Weg in diese Dimension?

MICHAEL: Es ist ein Dimensions-Tor in die fünfte Ebene.

FRAGE: Wird so die Liebe verstärkt, oder werden die Gedanken verstärkt?

MICHAEL: Es geht nur um die Liebe! Nur die Liebe wird verstärkt.

FRAGE: Du sagst, wir sollen diese Übung 48 Tage lang jeweils 9 Minuten lang machen. Jetzt sind wir ja in diesen 48 Tagen nicht irgendwo „im stillen Kämmerlein", wir sind ja weiterhin „draußen". Jeden Moment dringen neue Informationen und Manipulationen auf uns ein. Was geschieht damit? Werden sie automatisch ebenfalls gelöscht?

MICHAEL: Ja.

FRAGE: *Ich habe das so verstanden, dass wir ab sofort - also von diesem Moment an, an dem wir mit der Übung beginnen - geschützt sind. Es braucht aber 48 Tage, um all diese alten Informationen, denen wir bisher ausgesetzt waren, zu löschen. Sehe ich das richtig?*

MICHAEL: ... um die Aura zu stärken! Es braucht diese Zeit, um die Aura so zu stärken, dass keine Fremd-Energien mehr eindringen können.

FRAGE: *Und wie ist das, wenn wir diese Übung 48 Tage lang machen, sie aber vielleicht mal einen oder zwei Tage zwischendurch vergessen?*

MICHAEL: Das ist schlecht! Ihr solltet das wirklich 48 Tage lang kontinuierlich durchhalten. Macht die Übung regelmäßig jeden Tag - wirklich jeden Tag!

FRAGE: *Und wenn wir sie länger als 9 Minuten machen - also 10 oder 11 oder länger?*

MICHAEL: Das ist sogar gut! Aber mindestens 9 Minuten müssen es sein.

FRAGE: *Werden die positiven Energien, die wir ja ebenfalls empfangen, dadurch verstärkt?*

MICHAEL: Ja - positive Energien aus der geistigen Welt - von uns!

FRAGE: *Das meine ich auch, ja, aber wir empfangen doch auch* im täglichen Leben positive Energien, die wir verwenden und anwenden können. Wir sprechen bei der Auflösung immer nur von negativen Energien, aber wir empfangen doch auch positive. Die werden doch sicher gespeichert und verstärkt?

MICHAEL: Du meinst positive Energien von anderen Menschen? Es ist so: Wenn ein Mensch für dich betet, kommen oft auch seine eigenen Energien, seine eigenen Ängste an dich ran. Dann ist diese Energie nicht mehr so positiv.

Diese Übung für das Tor in die fünfte Dimension ist auch so etwas wie ein Filter. Eure Aura und eure Gedankenkraft werden so gestärkt, dass ihr nur noch das aufnehmt, was ihr brauchen könnt ...

FRAGE: ... was in Liebe ist?

MICHAEL: Ja.

FRAGE: Zurück zu den Kindern, zu der Übung auf dem Punkt des Herz-Chakras: auch 48 Tage lang?

MICHAEL: Ja.

FRAGE: Wäre es nicht eine wunderschöne Möglichkeit, das auch in der Schule zu tun, wo sie so vielen negativen Energien ausgesetzt sind - dass sie da immer wieder diesen Punkt mit kreisenden Bewegungen berühren?

MICHAEL: Ja. Dem sind keine Grenzen gesetzt. Tut es!

Es ist auch sehr wichtig für die Kinder, dass sie das wunderbare Schutzamulett tragen, das wir der Erde gegeben haben. Gerade für die Kinder ist es so sehr wichtig!

Ihr könnt euch auf alles einschwingen - auf alles.

FRAGE: Kannst du uns sagen, wie wir das am besten tun können?

MICHAEL: Ja, wenn ihr euch auf etwas einschwingen wollt - zum Beispiel auf einen Text, eine Affirmation euch setzen, z.B. auf die wundervollen Texte, die wir der Erde gegeben haben - zu den Essenzen -, dann könnt ihr die Seite in dem Buch mit euren Händen berühren mit der Bitte, dass diese Seite, diese Kraft dieser Worte gespeichert wird.

Die Informationen sind dann alle in euren Hand-Chakren und wenn ihr sie auf euer Herz-Chakra gebt, habt ihr diese Informationen in eurem Herz-Chakra drinnen.

Das könnt ihr mit euch selbst machen, aber auch mit anderen Menschen. Immer.

FRAGE: Und können wir Heilung dadurch empfangen? Und in dem Moment, wo wir das tun, heilen wir auch?

MICHAEL: Ganz genau. Diese Informationen gehen in das Herz-Chakra, und von dort aus werden sie die Heilung aktivieren.

Das könnt ihr mit jeder Bachblüte machen. Jede Bachblüte könnt ihr aus dem Buch in euren Hand-Chakren aktivieren, ins Herz-Chakra geben, ins Solarplexus, in jedes Chakra.

FRAGE: Sollen wir dabei ein Mantra sprechen oder einfach um Aktivierung bitten?

MICHAEL: Um Aktivierung bitten. Die Übertragung auf das Herz-Chakra geschieht automatisch.

Das alles könnt ihr tun.

FRAGE: Du sagtest, wir sollen die Hände auf jede Seite des Buches legen. Können wir das auch mit einem ganzen Buch machen - zum Beispiel mit den Texten von Erzengel Michael? Da muss ich doch sicher nicht jede einzelne Seite nehmen, sondern kann gleich das ganze Buch in das Herz-Chakra geben?

MICHAEL: Du kannst es auch mit einem ganzen Buch tun, ja. Doch es ist natürlich eine besonders hohe Energie-Übertragung, die da geschieht.

Bedenkt das, denn das ist sehr wichtig: Die Bücher werden höher und immer höher schwingen, und gerade dieses zweite Buch „Gespräche mit Erzengel Michael" wird sehr, sehr starke Energien ausstrahlen.

Es ist sehr wichtig, dieses zu bedenken! Die Menschen sollen nicht auf die Idee kommen, die gesamten Texte alle auf einmal in ihr Kronen-Chakra oder in ihr 3. Auge zu speichern. Ihr könnt es auch mit jedem homöopathischen Mittel machen.

FRAGE: Du sagst, die Beschreibungen, die es über Bachblüten oder über Homöopathie gibt, sind immer in der Liebe. Ist das auch dann der Fall, wenn diese Mittel von der Pharma-Industrie kommen?

MICHAEL: Ja. Es geht hier um die Information, die in diesen Mitteln ist. Ihr könnt das natürlich auch mit chemischen Substanzen - wie zum Beispiel Medikamenten - tun. Es ist genau dasselbe.

FRAGE: Können wir diese Schwingungen auch direkt auf die erkrankten Organe geben statt in die Chakren?

MICHAEL: Das könnt ihr tun.

FRAGE: Also praktisch überall dorthin, wo wir spüren, es zu brauchen ...?

MICHAEL: Ja! Und wenn dein Sohn Schwierigkeiten hat mit Englisch: Er liest sich die Seite mit den Vokabeln durch, du legst deine Hände auf die Seiten, und dann gibst du die Schwingungen der Seiten mit deinen Händen in sein Herz-Chakra. Und so ist das Wissen in ihm gespeichert.

FRAGE: Also gehen auch diese Vokabel-Informationen über das Herz-Chakra und nicht über das Kehlkopf-Chakra?

MICHAEL: Ja, über das Herz-Chakra.

FRAGE: Geht das nur dann, wenn diese Vokabeln vorher auch gelernt wurden ...?

MICHAEL: Es ist schon wichtig, sich mit dem Buch vorher auch zu beschäftigen! Das Lernen fällt nun mal nicht weg! Aber es fällt sehr viel leichter.

Ihr habt dann einen ganz anderen Bezug zu diesem Wissen. Alles wird sehr viel einfacher.

FRAGE: Dann wäre es doch vielleicht ganz gut, diese Information vor dem Lernen und nach dem Lernen zu speichern?

MICHAEL: Ja, das könnt ihr ruhig tun. Ihr könnt euch das Wissen des Buches oder des bestimmten Kapitels vor dem Lernen einspeichern. Beschäftigt euch dann mit dem Inhalt des Buches, lest alles aufmerksam und in Ruhe durch, und danach könnt ihr diese Schwingungen erneut in euch aufnehmen.

Es hilft! Ihr werdet es spüren. Und es wird vor allem den Kindern helfen. Denn alles ist Energie.

FRAGE: Aber auch da sollten wir den Lernstoff begrenzt halten und nicht ...?

MICHAEL: Ja - natürlich nicht das ganze Wissen auf einmal einspeichern! Da werden die Kinder nicht davon profitieren!

Ihr könnt euch alles, was geschrieben ist, auf diese Weise einprägen: durch das Einenergetisieren.

FRAGE: Wenn uns also ein Text besonders berührt, wenn er uns besonders gut gefällt - in einem solchen Fall ist er ja auch besonders wichtig für unsere Entwicklung -, dann sollen wir die Energien dieses Textes unserem Herz-Chakra übergeben und dann dringt diese Wahrheit noch tiefer in uns ein?

MICHAEL: Ja.

FRAGE: Dieses Auflegen der Hände auf das Herz-Chakra - ist das auch wie ein Filterprozess? Ein Beispiel: Ich lese Texte und glaube, sie tun mir gut, in Wirklichkeit ist das jedoch vielleicht gar nicht der Fall. Wenn ich so etwas aufnehme über die Hände und an mein Herz-Chakra weitergebe - wird dieses Wissen dann so gefiltert, dass es mir nicht schadet?

MICHAEL: Ja.

FRAGE: Können eigentlich alle Mütter das mit ihren Kindern tun, oder brauchen sie eine gewisse Einweihung?

MICHAEL: Das kann jede Mutter tun, und das kann jeder Vater tun. Alle Menschen können das jederzeit tun!

FRAGE: Ist es wichtig, welche Hand man nimmt zum Einenergetisieren - die linke Hand zum Beispiel ist ja die aufnehmende...?

MICHAEL: Es spielt keine Rolle. Achte nur darauf, dass du die Energien mit der gleichen Hand weitergibst, mit der du sie aufgenommen hast.

Alles ist so einfach für euch – alles …!

Wenn ihr nur dieses gesamte Potenzial nutzen würdet…!

Energie – kosmische Energie – kann man in alles speichern. In alles! Ihr könnt jede Musik aufladen mit Schwingungen, indem ihr die Essenzen auf die Musikanlage stellt, auf die CDs, auf die Platten, auf die Kassetten oder indem ihr all diese Gegenstände auf das Ashala-Symbol stellt.

FRAGE: Es heißt doch, dass bestimmte Musik manipuliert wird, dass Musikgruppen oder Firmen bestimmte manipulative Botschaften „einarbeiten". Wenn man beispielsweise solche Musikstücke rückwärts ablaufen lässt, sind Flüche oder Verwünschungen zu hören oder Hetzereien und Aufrufe zur Gewalt.

Es heißt auch, dass in Filmen und Fernsehsendungen manipulative Botschaften eingeblendet werden wie Werbung und so weiter. Sie können nur vom Unterbewusstsein wahrgenommen werden, aber dort wirken sie natürlich.

Werden solche Botschaften, solche subtilen Manipulationen, durch dieses Energetisieren ebenfalls entkräftet oder gelöscht?

MICHAEL: Ja!

FRAGE: Welche Essenzen sollten auf jeden Fall dabei sein, um diese Informationen zu löschen?

MICHAEL: Immer die Jesus-Essenz. Immer! Und „Sai Baba - die Göttlichkeit entdecken". Dann seid ihr geschützt.

FRAGE: Sollen wir diese beiden Essenzen denn auch auf den Fernseher und auf Zeitungen und Zeitschriften stellen?

MICHAEL: Das könnt ihr!

FRAGE: Wie ist das eigentlich: Wenn ich zum Beispiel die Tageszeitung nehme, sie auf ein Symbol lege - zum Beispiel auf das Ashala-Symbol -, dann wird sie ja gereinigt. Es ist aber doch alles miteinander verbunden. Heißt das, mit meiner Tageszeitung sind alle Ausgaben dieser Zeitung gereinigt und stehen so den Menschen zur Verfügung?

MICHAEL: Ja! Das geht über deine Zeitung in das Kollektiv-Bewusstsein! Eine Million Menschen verbinden sich mit deiner Zeitung. Manchmal verbinden sich 40 Millionen Menschen mit einer einzigen Ausgabe einer Zeitung ...

Überlegt euch dieses Ausmaß - wenn 40 Millionen Menschen dieselbe Energie in sich aufnehmen!

Ihr könnt alle Zeitungen auf die Symbole legen!

FRAGE: Oder segnen? Reicht das schon, wenn ich die Zeitung segne?

MICHAEL: Genau! Das geht auch. Aber es ist auch mit allen anderen Dingen machbar, nicht nur mit der Zeitung.

FRAGE: Das heißt also konkret: Ich lese eine bestimmte Zeitung, und mein Nachbar liest die gleiche Zeitung zu einem anderen Zeitpunkt - aber automatisch geht mein Handeln, also das Segnen der Zeitung oder das Energetisieren durch das Ashala-Symbol, in das Kollektiv-Bewusstsein und somit zu allen Menschen, die diese Zeitung lesen?

MICHAEL: Ja!

FRAGE: Ich habe diese Karten in meiner Wohnung liegen. Wenn ich jetzt die Zeitung lese, sie aber nicht direkt auf die Symbolkarte lege - wirkt die Energetisierung durch das Ashala-Symbol dann auch?

MICHAEL: Lege sie direkt auf die Symbolkarte! Lege die Zeitung darauf oder segne sie oder stelle die Essenzen darauf. So aktivierst du diese reinigenden Energien, die dadurch eine sehr viel größere Kraft haben.

Alles wird gesteuert. Ihr denkt so viele Dinge, die gar nicht von euch stammen. Ihr handelt aus dem Druck von Gedanken heraus, die gar nicht eure Gedanken sind.

Deshalb meidet große Veranstaltungen. Sendet dort lieber eure positive Energie hin! Meidet große Hallen, wo dieses Überangebot an Einkaufsmöglichkeiten herrscht, wo ihr durch Werbung in dramatischem Maße manipuliert werdet. Meidet diese Stätten! Meidet sie wirklich!

ANTWORT: *Schon die Prospekte dieser Supermärkte - wenn ich die sehe, dreht sich mir der Magen um. Sie sind derart lieblos und wahllos gestaltet, da ist überhaupt keine Verantwortung zu spüren für die Wertigkeit von Nahrungsmitteln oder Gebrauchsgütern!*

MICHAEL: Und diese negativen Informationen gehen alle auf euch über ... Und sie gehen in die Nahrungsmittel über!

Alle Informationen: von den Lieferanten, wie sie damit umgehen, von den Verkäufern, wie sie die Lebensmittel behandeln - alle Schwingungen dieser Gedanken gehen in die Nahrung über!

FRAGE: *Das geschieht doch aber auch schon vorher, denn ich denke mir, dass die Lebewesen doch auch Gedanken haben - die Tiere, die Pflanzen und alles. Wenn es heißt, am Anfang ist der Gedanke, dann sind doch alle Gedanken der Menschen, die damit zu tun haben - von Beginn der Manifestation des Gebrauchsgegenstandes oder des Nahrungsmittels bis zum Endverbraucher - gespeichert?*

MICHAEL: Alle!

FRAGE: Das bedeutet dann aber, wir sollen alles, was wir zu uns nehmen, vorher segnen - sehe ich das richtig?

MICHAEL: Alles sollt ihr segnen. Alles!

ANTWORT: So wie es früher Sitte war, das Brot zu segnen, bevor es angeschnitten wurde ...

MICHAEL: Tut es. Es ist so wichtig!

ANTWORT: Dazu habe ich jetzt ein besonderes Anliegen. Es gibt ja Menschen, denen diese ganzen Dinge noch nicht vertraut sind mit der Gedankenwelt, die vielleicht durch dieses Buch zum ersten Mal davon erfahren. Wenn die jetzt lesen, was alles passiert, was alles mitschwingt, wie viele Kräfte mitwirken - ich kann mir gut vorstellen, dass manche Menschen fürchterlich erschrecken und sehr unsicher werden, weil sie jetzt nicht mehr wissen, wie sie sich verhalten sollen.

Wenn sie erfahren, dass die Gedanken eines jeden Menschen, der mit dem gekauften Brot irgendwie zu tun hatte - angefangen von dem Bauern, der das Getreide sät und erntet, über den Müller, den Bäcker und so weiter bis zu der Verkäuferin, die es über die Theke gelegt hat -, dass all diese Gedanken dieses Brot beeinflussen ...

Da ist so viel geballte Kraft, mit der sie sich plötzlich auseinander setzen müssen! Gib uns doch bitte einen Tipp, was wir diesen Menschen sagen sollen, wie wir sie beruhigen können, damit sie nicht erschrecken und sich völlig überfordert fühlen vor diesem Umfang an Energie, der da auf sie einstürmt.

MICHAEL: Aber es ist so! Wir aus der geistigen Welt wollen nichts beschönigen und nichts verändern!

Es ist so!

Wir können die Menschen nicht mehr länger vor diesen Informationen bewahren!

Es ist so!

FRAGE: Könnt ihr aus der geistigen Welt uns sagen, dass wir mit diesen Mitteilungen, mit diesen Informationen, die ihr uns gebt, auch gleichzeitig eure Liebe und eure Begleitung haben? Können wir den Menschen sagen, sie sind nicht allein gelassen?

MICHAEL: Aber das spüren die Menschen doch, wenn sie dieses Buch lesen! Ihr seid nicht allein! Wir tun alles dafür, euch zu schützen!

ANTWORT: Und trotzdem - aus ihren Erfahrungen heraus zweifeln die Menschen oft, ob sie vertrauen können, egal, in welchem Stadium der Bewusstwerdung sie sind. Sie brauchen die Bestätigung, sie brauchen die konkrete Aussage. Sie fühlen vieles, aber sie können es noch nicht leben. Und wenn ihr das alles noch einmal ganz bewusst in Worte fasst, wenn ihr aus der geistigen Welt ganz klar sagt, die Menschen sind geschützt ... Es ist wichtig, ihnen zu sagen, dass sie geliebt und getragen werden.

MICHAEL: Das seid ihr doch! Das sind die Menschen alle! Doch ihr vergesst es - so wirken die Manipulationen ...

ANTWORT: Und gerade deswegen muss es ganz laut und ganz konkret gesagt werden, damit die Menschen es auch kapieren.

MICHAEL: Es ist wichtig, dass alle Menschen die Wahrheit erfahren!

FRAGE: Damit haben manche Menschen Schwierigkeiten. Eine Buchhändlerin, mit der ich gesprochen habe, sagte mir, sie sei nicht interessiert daran, die Bücher von Kamasha zu verkaufen. Kannst du uns sagen, woran das liegt?

MICHAEL: Bücher wirken, Bücher strahlen.
Buchstaben wirken.
Bilder strahlen.
Buchstaben geben Ausdruck.
Zellen strahlen.

Alles, was in Liebe ist, strahlt. Auch Geld kann strahlen. Oder auch nicht ...

Business ist nicht Business, wenn die Liebe fehlt. Die Produkte von Kamasha strahlen Liebe aus. Doch wenn das Herz verschlossen ist, wenn Menschen nicht den Mut haben, sich damit zu befassen, dann empfinden sie diese Produkte als eine Gefahr.

FRAGE: Diese Produkte der Liebe sind eine Gefahr für die Menschen, deren Herz verschlossen ist?

MICHAEL: Ja - weil sie berührt werden können ... Und das sehen manche Menschen als Gefahr.

FRAGE: Sie fühlen sich bedroht?

MICHAEL: Weil sie Widerstände haben, fühlen sie sich bedroht! Diese Bücher strahlen doch auch. Schon wenn ihr sie neben euch liegen habt ... Sie arbeiten mit eurem Unterbewusstsein. Manche Menschen brauchen das Buch niemals zu lesen, und doch arbeitet es mit ihnen.

Es ist wichtig, dass sich die Menschen mehr und mehr auf die Liebe besinnen. Sendet ihnen Liebe - aus ganzem Herzen. Sie können entscheiden, was sie mit dieser Liebe machen und was sie mit den Produkten machen. Sie können es selbst entscheiden. Doch immer mehr Menschen werden sich entscheiden, den Weg der Liebe zu gehen.

ANTWORT: Es ist also wichtig, den Lesern zu sagen, dass jeder Mensch sich jeden Tag, jeden Augenblick ganz bewusst für die Liebe entscheiden kann.

MICHAEL: Mit jedem Atemzug!

Das Wichtigste ist, mit jedem Atemzug die Göttlichkeit einzuatmen. Das ist Spiritualität: mit jedem Atemzug das JA, die Liebe und den Frieden zu manifestieren für sich und für die Erde.

ANTWORT: Ich denke, auch das ist wichtig für die Leser: Wenn sie die Gedanken an die Glaubenssätze, mit denen sie verbunden sind, abgeben, dann geben sie damit nicht automatisch die Liebe ab! Ich erlebe das sehr oft in meinen Beratungsgesprächen - da spüre ich sehr oft Angst, zum Beispiel die Liebe der Eltern zu verlieren. Die Klienten haben Angst, weil die Eltern Opfer sind -

weil sie krank sind, weil sie sich das Leben nehmen wollen. Wenn die Menschen sich nicht mehr mit den Glaubenssätzen der Eltern identifizieren, wenn sie ihren eigenen Weg gehen wollen, glauben sie, die Liebe zu verlieren. Aber das geschieht ja nicht – es ist vielmehr eine Abtrennung der negativen Gedankengänge.

MICHAEL: Ja.

Niemand wird von seinen Eltern getrennt, wenn er nicht mehr das tut, was die Eltern verlangen. Niemals!

Wer sein eigenes Leben lebt, verbindet sich noch sehr viel stärker mit ihnen. So kann die Liebe geteilt werden, so kann die Schönheit geteilt werden.

FRAGE: Und das wird einander stärken?

MICHAEL: Ja!

Das Allerwichtigste ist, dass ihr euch in Klarheit und in dem Bewusstsein der Liebe begegnet: euch selbst und dadurch jedem Lebewesen!

Gedanken schwingen doch. Jeder Gedanke hat seine eigene Frequenz. Wenn ihr etwas Positives, etwas Lichtvolles, etwas Friedvolles denkt, dann ist eure Frequenz viel höher als bei negativen Gedanken.

FRAGE: Das Denken aus dem Kopf heraus hat anscheinend nicht dieselbe Kraft wie das Denken aus dem Gefühl ...

MICHAEL: Gefühle entstehen doch ebenfalls im Kopf! Gefühle sind Erinnerungen an Altes, an lange Gespeichertes. Aber sie entstehen in deinen Gedanken.

ANTWORT: Es sind wahrscheinlich die unbewussten Gedanken. Das ist der Punkt. Und diese unbewussten Gedanken häufen sich den Tag über wahrscheinlich zigfach an, ohne dass die Person es merkt ...

MICHAEL: ... ja, und deshalb ist es auch so wichtig, dass ihr diese Übung mit dem Berühren der Schläfen macht! So werden auch die unbewussten Gedanken gelöscht.

Macht das! Nehmt diese Hilfe an!

FRAGE: Meinst du jetzt diese Gefühle wie Wut, Angst, Trauer, Widerstand gegen irgendetwas? Ich denke, solange wir in unserem irdischen Körper sind, kommen diese Gefühle ja immer wieder hoch. Sind das die Gedanken, die dann gelöscht werden?

MICHAEL: Ja!

FRAGE: Haben wir dann keine Angst und keine Trauer mehr? Ärgern wir uns dann nicht mehr über alles Mögliche?

MICHAEL: Alles wird leichter.

Auch diese Überlegungen, was du angeblich tun musst, um Liebe zu bekommen - sie sind ein Gedankenkonstrukt, das in deinen Zellen manifestiert wurde. Und diese Gefühle werden gehen.

FRAGE: Man sagt doch, Gefühle seien Re-Aktionen - Angst, Trauer, Wut sind Reaktionen; die Aktion war also die Manifestation durch diese Gedanken. Ist das richtig?

MICHAEL: Zunächst ist alles gespeichert. Dieser Schock oder diese Erinnerung - dieser Zustand, der diese Reaktion auslöst, sitzt ja in einem Organ oder in der Wirbelsäule. Durch diese Übung, das tägliche Berühren der Punkte an den Schläfen über 9 Minuten hinweg, könnt ihr diese Informationen löschen.

ANTWORT: Dazu fällt mir gerade etwas ein: Es kommt immer öfter vor, dass Angehörige von Verstorbenen an deren Jahrestagen - also Todestag oder Geburtstag - erneut Traueranzeigen in die Zeitungen setzen. Das heißt, sie lassen einfach nicht los! Es geschieht einfach kein Loslassen in Liebe! Das ist ja ebenfalls wieder so eine Manipulation, so ein Gedankenkonstrukt. Diese ständig anhaltende jahrelange Trauer manifestiert sich doch. Und sie schadet sowohl den Verstorbenen als auch den Menschen, die auf der Erde zurückgeblieben sind! Sage uns doch bitte dazu etwas.

MICHAEL: Das Wichtigste ist, dass ihr Menschen frei seid. Diese Freiheit beginnt in den Gedanken, in den Zellen, in eurem Körper.

Wenn ein Mensch, wenn ein Lebewesen in eine andere Ebene geht, seinen Körper verlässt, dann ist das doch eine ganz große Einweihung. Ihr verlasst alle irgendwann wieder euren Körper und geht wieder zurück in die Einheit, zurück in diese Schönheit.

Da braucht ihr nicht zu trauern!
Feiert!!!
Wenn eure Seele den Körper verlässt: Feiert!!!
Tanzt!!!
Hört auf zu trauern!

ANTWORT: *Ich habe das erlebt, als meine Schwiegermutter gestorben ist. Ich habe mich weiß gekleidet. Da bin ich zuerst mal auf ziemliches Entsetzen gestoßen. Aber während der Trauerfeier habe ich gemerkt, dass alle Gäste irgendwie ein Strahlen an sich hatten. Ich habe auch schöne Lieder ausgesucht und ein lachendes Bild von ihr neben den Sarg gestellt. Es war eine wunderschöne, friedvolle Veranstaltung.*

MICHAEL: Wirklich - lasst es nicht zu, dass irgendjemand trauert! Wozu?

ANTWORT: *Das habe ich in meinem Testament schon festgelegt - ich will keine Trauerfeier zu meiner Beerdigung, ich will eine Jubelfeier!*

Immer mehr Menschen lassen sich an einer anonymen Stelle beerdigen - im Wald, auf einer schönen Wiese, eben in der Natur. Ich finde das wirklich gut! Denn der Körper, der hat ja seine Dienste getan ...

MICHAEL: ... ja, und er wird wieder eins mit der Mutter Erde! Und deshalb braucht ihr nicht zu trauern. Wirklich nicht.

FRAGE: *Aber wir sollen doch sicher auch feiern, wenn ein Kind zur Welt kommt - nicht nur, wenn ein Mensch stirbt ...?!*

MICHAEL: Ja, natürlich sollt ihr das. Feiert!

Feiert immer!!!

FRAGE: Wir sind ja bei dem Thema Gedankenübertragung. Du hast gesagt, der Tod ist eine Einweihung. Wenn ich jetzt nicht loslasse, wenn ich in Gedanken immer bei diesem Verstorbenen bin - wird die Seele dadurch festgehalten?

MICHAEL: Sie wird festgehalten, ja. Auch die Fotos der Verstorbenen, die ihr in euren Wohnungen aufhängt oder aufstellt, halten ihre Seelen fest.

Es kommt hinzu: Viele Menschen gehen aus einem Körper voller Medikamente, voller Schmerzmittel. Sie sind betäubt. Und so verpassen sie die Toröffnung ihres persönlichen Lichttores. Diese Tore für den Übergang in die andere Ebene sind drei Tage lang offen, doch viele schaffen es nicht, die Erde in diesen drei Tagen zu verlassen, weil sie gar nicht wissen, dass sie gestorben sind. Weil sie gar nicht wissen, dass sie ihren Körper verlassen haben ...

FRAGE: Und was wird dann aus ihnen?

MICHAEL: Sie werden zunächst ihren Rhythmus weiter erfahren. Sie können noch 20 Jahre lang weiter an ihrem Schreibtisch sitzen; sie können noch lange das Leben ihrer Partner, ihrer Familie negativ oder positiv beeinflussen.

FRAGE: Wie kommen sie wieder heraus?

MICHAEL: Durch die sieben Tore.

Die kosmischen Tore liegen in folgenden geographischen Gebieten:

Erstes Tor   Glastenbury/England

Zweites Tor   Paris (Notre Dame)/Frankreich

Drittes Tor   Rom (Vatikan)/Italien

Viertes Tor   Cheops-Pyramide/Ägypten

Fünftes Tor   Puttaparthi
              (Ashram von Satya Sai Baba)/Indien

Sechstes Tor Amritsar (Goldener Tempel)/Indien

Siebtes Tor   Niedernhausen
              (Schäfersberg)/Deutschland

FRAGE: Wenn wir erkannt haben, dass wir eine Seele festgehalten haben, können wir denn - jetzt, wo wir das alles wissen - diese Seele im Nachhinein loslassen? Und heißt das, die Seele bekommt diese Information und hat dadurch die Chance, durch diese sieben Tore gehen zu können?

MICHAEL: Ja.

FRAGE: Kann es aber auch sein, dass die Seele sagt: „Nein, ich will trotzdem nicht."?

MICHAEL: Dann bittet ihr die Engel der Heimführung, dass sie diese Seele erlösen.

Probiert diese Techniken aus, die Erzengel Michael euch gibt. Lasst es geschehen.

FRAGE: Ist das Herz der Mittler von meinem schöpferischen Sein und Gott? Spüre ich denn nicht die Liebe Gottes in meinem Herzen?

MICHAEL: Die Liebe Gottes bist du in jeder Zelle deines Körpers, denn du bist ein Teil Gottes.

Du bist Gott.
Du und jeder Mensch ist Gott.

Es ist so wichtig, dass ihr euch dessen wieder bewusst werdet!

Dass ihr euch wirklich wieder das Paradies erschafft über eure Göttlichkeit, über eure Schönheit und über euer Sein.

Du kannst die Göttlichkeit im Kronen-Chakra spüren. Das Herz-Chakra ist die Mitte, doch alle anderen Chakren haben genauso den Wert der Göttlichkeit wie das Herz-Chakra. Da gibt es keinen Unterschied.

FRAGE: Noch einmal zu dem Festhalten der Seelen. Du hast gesagt, auch Fotos halten die Seelen fest. Sollen wir jetzt etwa alle Fotos wegwerfen? Das wäre aber schade, denn sie sind doch auch eine schöne Erinnerung! Oder hast du gemeint, wir sollen sie nicht aufstellen oder aufhängen?

MICHAEL: Natürlich kannst du Fotos behalten. Es ist aber nicht gut, sie aufzustellen oder aufzuhängen. Ein Bild, ja - aber manche Menschen haben viele solcher Fotos in ihrer Wohnung. Das ist nicht gut. Nicht diesen Kult betreiben.

ANTWORT: Ich denke auch, es ist nicht gut, um solche Fotos einen schwarzen Rahmen zu machen, wie das so oft geschieht. Schwarz verbinden viele ja mit dem Dunkeln, mit Trauer. Da wäre doch ein weißer Rahmen viel schöner ...   .

MICHAEL: Nehmt einen bunten Rahmen! Einen roten, einen gelben, einen blauen, einen grünen, einen regenbogenfarbenen - nehmt alles, was bunt ist.

Ihr werdet unermesslich geliebt.

In tiefem Frieden

Erzengel Michael

Die Gedanken

Das Kollektiv-Bewusstsein als Quelle jeglicher
Informationen und Reisen in andere Dimensionen

Botschaft vom 2. Dezember 2003 mit einem Ausschnitt
aus der Botschaft vom 9. Dezember 2003

Meine geliebten Kinder des Lichts,

das Bewusstsein von Erzengel Michael ist mit euch und
grüßt euer Herz.

Wie schön, euch zu treffen, um das Licht in den Herzen
aller Lebewesen auf der Erde noch stärker zu verankern.
Denn das Licht wird stärker und stärker. Die Energie
nimmt immer mehr zu auf der Erde.

Durch das Gitternetz der Einheit wird auch die Gedankenkraft immer stärker. All das, was ihr manifestieren
wollt - alles, was ihr manifestieren dürft -, geschieht in
euren Gedanken und dann erst in den Worten. Ihr kreiert alles mit euren Gedanken!

Das Allerwichtigste ist: Seid euch dessen bewusst, dass
alle - alle! - Gedanken irgendwann im Laufe eurer Leben
umgesetzt werden - dass sie existent werden! Und

deshalb ist es so wichtig: Je klarer eure Gedanken sind, umso mehr könnt ihr die Fülle und die Schönheit auf der Erde leben.

Doch durch all diese Ängste, durch all diese Panik, die viele Menschen und viele Lebewesen zurzeit haben auf eurer Erde, ist der Fluss der Liebe gestört. Es ist so wichtig, dass ihr Menschen wieder an euch glaubt - an eure Kraft, an das, was ihr wirklich leben wollt: die Lebensvision. Und diese Lebensvision könnt ihr umsetzen in jedem Atemzug. In jedem!

Gedanken sind wie Radiowellen.

Ihr nehmt viele Gedanken auf, die gar nicht von euch sind. Und ihr denkt sie! Ihr nehmt viele Wellen auf, die gar nicht die euren sind - und viele Menschen glauben immer noch, dass es ihre eigenen Gedanken sind, die sie dann leben. Aber es ist nicht so.

FRAGE: Wie können wir unterscheiden, ob das eigene Gedanken sind oder solche, die uns aufoktroyiert werden oder die zu uns kommen, weil wir in einer großen Menschenmenge sind und dort als Empfänger fungieren?

MICHAEL: Lichtvolle Gedanken haben eine große Ausstrahlung. Emotionale Gedanken - über einen Menschen etwas Negatives zu denken - haben eine große Kraft. Und wenn es nicht von dir kommt, dann ist es so, dass die Kraft am stärksten ist, weil du nur der Empfänger bist.

Und deshalb ist es so wichtig, dass ihr wirklich mit euren Gedanken in Liebe seid - mit euch selbst und mit allem. Denn dadurch seid ihr geschützt vor Ebenen, die euch irgendwelche aggressiven Gedanken suggerieren.

FRAGE: Kommt es auf die Umgebung an? Ich hatte am Wochenende zwei Erlebnisse: zum einen ein Gespräch mit einem Menschen, das sehr wohltuend war. In der gleichen Stadt habe ich aber auch viel Hektik und viel Stress erlebt. Zu Hause hatte ich dann das Gefühl, dass ich runtersacke, dass mich irgendwas herabzieht. Ich fühlte mich total müde und erschöpft. Kann es sein, dass es mir durch die Atmosphäre dieser Stadt so erging – dass ich dort viele negative Schwingungen empfing?

MICHAEL: Ja. Du verlierst in großen Massen von Menschen viel leichter die Liebe. Wenn du aber bei dir bist und bei dir bleibst, dann bist du geschützt.

FRAGE: Wie kann man eigene Gedanken von fremden Gedanken unterscheiden? Lichtvolle Gedanken haben eine große Ausstrahlung, sagst du. Das können ja aber auch lichtvolle Gedanken von anderen sein. Negative Gedanken, sagst du, haben eine große Kraft. Wie können wir das unterscheiden, ob wir in der Liebe sind oder nicht? Sind wir immer, wenn wir nicht in der Liebe sind, fremdgesteuert?

MICHAEL: Immer. Wenn ihr nicht in der Liebe seid, seid ihr immer von Fremdgedanken erfüllt.

FRAGE: Und wenn wir in der Liebe sind, nehmen wir die lichtvollen Gedanken anderer mit auf?

MICHAEL: Ja.

FRAGE: Ist der Mensch denn überhaupt fähig, ganz autonom eigene Gedanken zu denken?

MICHAEL: Der Mensch kann nicht autonom denken. Es fließen immer gleichzeitig andere, sehr viele andere Energien mit hinein in das Denken.

Ihr seid nicht autonom, weil ihr alle durch das Kollektiv-Bewusstsein miteinander verbunden seid – alle!

Deshalb könnt ihr auch eure Informationen über das Kollektiv-Bewusstsein aussenden – und ihr könnt über das Kollektiv-Bewusstsein alle Informationen bekommen.

Jede Information könnt ihr aussenden und abrufen. Jede! Wenn ihr euch traut ...!

FRAGE: Ja – trauen schon, aber ... Ich sage es jetzt mal ganz banal: Ich weiß nicht, wie ich das machen soll, und ich stelle mir das absolut schwierig vor. Ich weiß, es gibt Gedankenübertragung; ich kann fühlen, ob mir jemand gut gesonnen oder sympathisch ist. Aber sonst ...

Ein Beispiel: Ich bin auf einer Sitzung, die Menschen dort besprechen rein geschäftliche Dinge. Wie kann man von diesen Menschen, die voll mit der Materie beschäftigt sind, lichtvolle Gedanken abrufen – oder wie kann ich solche Gedanken in diese Gruppe bringen?

MICHAEL: Du kannst das Kollektiv-Bewusstsein bitten, dass über diese Situation, über diese Sitzung, eine kollektive Liebe herabströmt.

FRAGE: *Einfach so?*

MICHAEL: Ja. Und das funktioniert.

FRAGE: *Weil eigentlich im Grunde jeder Mensch tief in seinem Innersten in diesen Lichtgedanken ist? Wir brauchen also nicht Gott oder Erzengel Michael oder wen auch immer zu bitten, sondern können einfach an das Kollektiv-Bewusstsein appellieren?*

MICHAEL: Ja. Du kannst darum bitten, dass jetzt, in diesem Augenblick, aus dem Kollektiv-Bewusstsein ein neues Bewusstsein der Liebe in diese Menschen geht. Und das funktioniert.

FRAGE: *Jeder Mensch hat doch einen freien Willen und die Möglichkeit zur freien Entscheidung. Wenn nun jemand diese positiven, lichtvollen Gedanken, um die ich gebeten habe, einfach nicht annehmen will?*

MICHAEL: Diese Menschen werden spüren, dass eine andere Energie sie durchdringt.

Ihr könnt alle Energien abrufen: die von Jesus, die von Erzengel Michael, von Gott ... Alle göttlichen Energien könnt ihr durch das Kollektiv-Bewusstsein abrufen.

Es ist in jedem Seelenplan vorgesehen, zur göttlichen Liebe zu finden. Sonst würdet ihr doch gar nicht auf die Erde kommen! Sonst wärt ihr doch gar nicht da, wo ihr seid! Wir Engel sind doch die Übermittler dieser göttlichen Energie - und wir sind dazu da, um diese Verbindung zu eurem Herzen wiederherzustellen!

FRAGE: Gibt es auch ein negatives Kollektiv-Bewusstsein?

MICHAEL: Ja – aber das braucht ihr nicht ...

FRAGE: Kann ich über das Kollektiv-Bewusstsein abrufen, was bestimmte Menschen gerade denken?

MICHAEL: Ja, das funktioniert.

FRAGE: Ihr passt doch aber sicher auch auf, dass die Gedanken anderer nicht willkürlich zum Missbrauch abgerufen werden?

MICHAEL: Was meinst du mit Missbrauch?

ANTWORT: Wenn ich die Gedanken anderer wissen will, um damit zu manipulieren und Macht auszuüben.

MICHAEL: Dann ist es Missbrauch. Aber grundsätzlich kannst du jederzeit alle Gedanken abrufen, auch wenn du sie missbrauchen willst. Aber das ist dann natürlich eine andere Ebene, die dich krank macht.

FRAGE: Inwiefern krank macht?

MICHAEL: Dein Körper wird zerstört, deine Zellen werden zerstört.

FRAGE: Warum?

MICHAEL: Weil es gegen die göttliche Ordnung ist.

FRAGE: Das heißt also, diese Manipulation durch gute Gedanken und positive Energien - denn letzten Endes ist es ja irgendwie eine Manipulation - ist erwünscht und gewollt, denn sie bringt ja nur Gutes für Körper und Psyche?

MICHAEL: Ja. Doch die Menschen haben die Wahl: Sie können es annehmen oder nicht. Sie werden das Licht spüren - doch sie können sich dagegen wehren, oder sie können sagen: „Ja, das gefällt mir."

FRAGE: Wirken diese guten Gedanken trotzdem? Wenn sich Menschen mit aller Kraft gegen die lichtvolle Energie wehren, ich sie ihnen aber trotzdem immer wieder schicke - wirkt sich das letztendlich aus? Und wenn ja, wie?

MICHAEL: Irgendwann werden sie ihr Herz öffnen.

FRAGE: Irgendwann ... Das heißt, das muss nicht in diesem Leben sein?

MICHAEL: Ja.

FRAGE: Wenn ich einem Menschen positive Gedanken schicke, manipuliere ich ihn irgendwie. Wäre es deshalb nicht wertvoller, wenn ich ihm neutrale göttliche Energie aussende?

MICHAEL: Die Gedanken gehen in die Aura und wirken dort. Wenn du jemandem etwas Liebes wünschst, was von Herzen kommt, kannst du nichts zerstören. Du kannst ihm natürlich auch über das Kollektiv-Bewusstsein göttliche Liebe senden. Du kannst beides tun.

Doch im Moment brauchen so viele Menschen bei euch auf der Erde positive Gedanken. Sie brauchen sie zur Unterstützung.

Es ist keine Manipulation, wenn du jemandem aus wirklich reinem Herzen und aus reiner Liebe gute Gedanken schickst.

FRAGE: Wenn ich darum bitte, zu erfahren, was der andere gerade denkt, dann bin ich unsicher, ob das wirklich seine Gedanken sind oder ob das meine Vorstellung ist von dem, was er gerade denkt oder fühlt. Woher weiß ich den Unterschied? Woher weiß ich, dass ich das jetzt empfange von diesem Menschen oder vom Kollektiv-Bewusstsein?

MICHAEL: Du spürst eine völlig andere Wahrnehmung, du siehst ganz andere Farben, und du fühlst dich viel mehr verbunden mit dir selbst und mit deinem Herzen.

Schließe deine Augen!
Was fühlst du?

ANTWORT: Herzklopfen und Dichte um mich herum.

MICHAEL: Verbinde dich jetzt gedanklich mit dem Kollektiv-Bewusstsein der Liebe. Bitte darum, in Kontakt treten zu dürfen mit deinem Vater. Warte ab, welche Bilder du bekommst.

ANTWORT: Ich habe Kontakt.

MICHAEL: Was siehst du?

ANTWORT: Ich sehe meinen Vater in seinem Arbeitszimmer. Er ist hektisch, ziemlich nervös, läuft von einem Platz zum anderen.

MICHAEL: Und was empfängst du für Gedanken?

FRAGE: Was er jetzt gerade denkt?

MICHAEL: Ja.

ANTWORT: Dass er irgendwas vergessen hat; dass er darüber sauer ist und etwas verzweifelt.

MICHAEL: Jetzt schicke ihm Licht über das Kollektiv-Bewusstsein der Liebe. Schicke ihm Kraft, Licht und Liebe für diese spezielle Situation. Er fühlt sich sehr allein.

FRAGE: Allein oder einsam?

MICHAEL: Einsam.

FRAGE: Und was soll ich jetzt tun?

MICHAEL: Ihm einfach nur über das Kollektiv-Bewusst-sein Licht und Liebe schicken für diese Situation. Mehr brauchst du nicht zu tun.

Wie fühlst du dich jetzt?

ANTWORT: Gut! Aber ich weiß trotzdem nicht genau, ob das jetzt meine Vorstellung war oder eine echte Situation ...

MICHAEL: Du kannst über das Kollektiv-Bewusstsein gleichzeitig in verschiedene Ebenen reisen. Du kannst mit vielen Bewusstseins-Stufen auf vielen Ebenen gleichzeitig sein. Denn Raum und Zeit existieren ja nur bei euch auf der Erde. Und trotzdem könnt ihr über das Kollektiv-Bewusstsein mit allem gleichzeitig verbunden sein.

FRAGE: Was heißt „verschiedene Ebenen"?

MICHAEL: Alles läuft gleichzeitig ab. Alles!

FRAGE: Inwiefern sind diese verschiedenen Ebenen dann überhaupt relevant?

MICHAEL: Ihr könnt zum Beispiel in die Ebene des Ersten oder Zweiten Weltkrieges gehen. Durch die Reise über das Kollektiv-Bewusstsein kannst du diese Situationen dort genau sehen.

FRAGE: Mit Ebene ist jedes Jahrhundert, jedes Jahrtausend, jeder Tag gemeint – die zeitliche Dimension also?

MICHAEL: Ja. Natürlich kannst du über das Kollektiv-Bewusstsein auch in die fünfte Dimension reisen! In alle Ebenen!

FRAGE: Würden wir das überhaupt verkraften?

MICHAEL: Nicht so gut ...!
Es gibt Dimensions-Punkte, die euch in eine andere Dimension führen. Es sind Tore; wenn sie aufgehen, könnt ihr in eine andere Dimension reisen.

FRAGE: Wie kommen wir an solche Tore; wie erkennen wir die?

MICHAEL: Sie sind in eurem Körper! Ihr könnt sie durch Druck öffnen!

Greift euch an die hinteren Höcker eures Schädels und drückt darauf. Wir reisen jetzt gemeinsam in die fünfte Dimension.

Schließt die Augen, drückt diese Punkte.

FRAGE: Wo genau ist das?

MICHAEL: Wenn du die Wirbelsäule hochgehst - an den Kopf - bis die Kuhle kommt - dann etwas zur Seite - , dann sind dort, am unteren Ende des Schädels, zwei Höcker. Ihr werdet spüren, sie stehen leicht hervor.

Habt ihr sie alle gefunden?

ANTWORT: Ja.

MICHAEL: Das sind die Dimensions-Tore. So könnt ihr in die erste Dimension reisen, aber auch in die fünfte oder in die sechste.

Öffnet diese Dimensions-Tore mit etwas Druck und bittet darum, mit eurem Körper in die fünfte Dimension reisen zu dürfen.

Es ist wichtig, dass beide Beine auf der Erde stehen und beide Füße fest verankert sind.

Was könnt ihr wahrnehmen in dieser Energie?

ANTWORT: Ich bin blockiert, ich spüre nichts. Kopf und Arme tun mir weh. Es wurde zwar immer heller und heller in mir, aber... Habe ich nicht den richtigen Mut? Ist da Angst in mir?

MICHAEL: Hab keine Angst. Es kann dir nichts geschehen. Du bist geschützt. Ihr alle seid geschützt.

ANTWORT: Ich sehe einzelne Farben, und die Energie wird stärker im Körper.

ANTWORT: Farben habe ich auch, und ich merke einen Impuls - es wird sehr hell, immer heller!

MICHAEL: Es wird alles hell! Licht! Wie wundervoll! Es sind Dimensions-Tore! Macht diese Übung, tut es!

FRAGE: Warum ist es so wichtig, die Füße auf dem Boden zu haben? Um die Erde zu spüren?

MICHAEL: Ja - aber auch, damit ihr die Energie halten könnt. Denn diese Energie fließt ja durch all deine Zellen und durch deine Fuß-Chakren in die Erde hinein.

FRAGE: Welche konkreten Auswirkungen hat diese Übung?

MICHAEL: Dein Energie-Körper und deine Zellen stellen sich viel stärker ein auf die Energie-Verschiebung.

Die Druckpunkte für die feinstofflichen Dimensions-Tore am Hinterkopf des Menschen

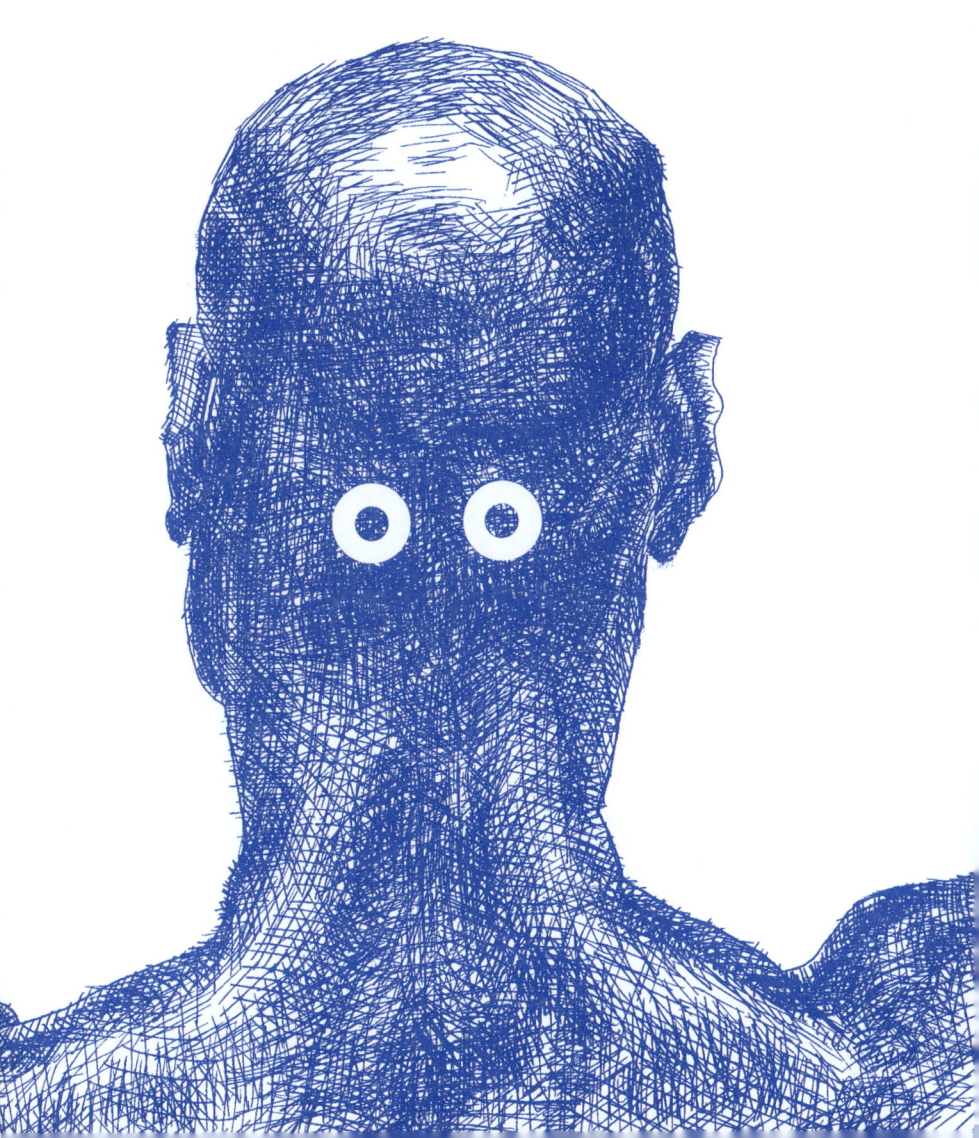

Du kannst damit natürlich auch in alte Energien reisen.

FRAGE: Muss man da nicht vorsichtig sein? Wenn ich mich zum Beispiel plötzlich in einem Abschnitt der Zeitgeschichte wiederfinde, wo ich Schreckensbilder sehen kann ...?

MICHAEL: Es geht hier um die Energie-Tore, um die Dimensionen - um das, was ihr gesehen habt: das Licht, die Helligkeit!

Es geht nicht darum, in irgendwelche Leben zu reisen - es geht darum, die Energien der Dimensionen zu manifestieren.

In der ersten Dimension wirst du eine Energie sehen, die sehr verschleiert ist, sehr neblig. Ihr könnt maximal bis zur sechsten Dimension reisen.

FRAGE: Und wir spüren dann von dort die Energie, die Helligkeit und die Liebe?

MICHAEL: Ja!

ANTWORT: Jetzt ist es für mich klarer - ja, das habe ich gespürt! Ich dachte nur, ich müsste Bilder sehen, und habe deshalb gemeint, ich sei blockiert, weil ich nur Helligkeit gesehen habe.

MICHAEL: Nein. Farben sind Bilder genug. Das Licht zu sehen sind Bilder genug.

ANTWORT: Jetzt, nach dieser Übung, geht es mir richtig gut: Ich fühle mich ganz frei - richtig befreit!

MICHAEL: Wie wundervoll!

ANTWORT: *Mein Körper ist voller Energie.*

MICHAEL: Und wie fühlst du dich?

ANTWORT: *Ich habe gespürt, dass es von allen Seiten durch mich durchströmte.*

FRAGE: *Da fällt mir gerade ein: Wenn wir Menschen Liebe schicken möchten, könnten wir dann nicht in die fünfte Dimension gehen und sie von dort senden?*

MICHAEL: Das kann zu stark sein. Wenn du für jemanden um Licht und Liebe bittest, dann tu es aus dem Kollektiv-Bewusstsein, aber tue es nicht aus der fünften Dimension. Nicht alle Körper sind vorbereitet.

Und wenn ihr intensiv hineinspüren wollt in die fünfte Dimension, dann nehmt die Erd-Essenz. Sie enthält die Schwingungen dieser Dimension.

FRAGE: *Ich dachte eigentlich, die Erd-Essenz hilft uns, im Hier und Jetzt zu bleiben, in der Materie?*

MICHAEL: Das ist Meister Kuthumi. Die Erd-Essenz hilft den Zellen, in die höheren Schwingungen zu kommen, die 2008 manifestiert sein werden.

FRAGE: *Können wir mit dieser Schwingung auch innere Blockaden lösen?*

MICHAEL: Ja, das könnt ihr.

FRAGE: *Je öfter wir also diese Reise in die fünfte Dimension machen, umso intensiver hilft das dem Körper, die Blockaden auszuleiten?*

MICHAEL: Ja - umso leichter fließt alles.

FRAGE: *Jetzt nochmal konkret: Wenn wir diese beiden Punkte berühren, diese Höcker am Schädel, dann können wir darum bitten, in alle Dimensionen von eins bis sechs zu reisen? Es gibt also nicht für jede Dimension separate Druckpunkte?*

MICHAEL: Nein, nur diese beiden, und sie sind für alle Dimensionen.

FRAGE: *Wir stehen ja jetzt vor dem Einstieg in die fünfte Dimension. Und jetzt bin ich neugierig: Wie sieht es in der sechsten aus? Was erwartet uns da?*

MICHAEL: Probiert es aus! Es wird sich alles noch einmal ganz stark verändern. Aber Erzengel Michael will nicht eure Gedanken, eure Vorstellung prägen. Ihr kennt die Übung - deshalb probiert es einfach aus!

Es ist allen Menschen möglich, diese Übung zu machen.

Tut es, um euch auf die fünfte Dimension vorzubereiten. So könnt ihr es viel leichter schaffen, in diese neue Dimension zu gehen. Viel leichter!

Mit dieser Übung an den Schädelhöckern könnt ihr euch nicht nur mit den Dimensionen, sondern auch mit jedem Chakra der Erde verbinden.

FRAGE: Geht das ebenfalls mit diesem Drücken?

MICHAEL: Ja - ihr könnt so die Energie von jedem Erd-Chakra abrufen und durch euch fließen lassen.

Legt noch einmal die Hände auf die Dimensions-Tore und bittet darum, die Energie des 1. Chakras der Erde zu bekommen.

ANTWORT: Ich spüre sehr starke Energie und sehe rote Farbe...

MICHAEL: Es ist auch tiefrot. Es ist die Erde!

FRAGE: Hat es eine Bedeutung, dass meine Hände anfangen zu zittern?

MICHAEL: Das ist die Energie, die du erhältst!

ANTWORT: Ich habe das Gefühl, als wären die Füße bis zu den Knien ganz stark elektrisch geladen. Ich habe helles Licht gesehen, und es wurde immer heller, immer weißer. Es sind aber auch dunkelgraue Wolken vorbeigezogen, und es fühlte sich an, als ob viel Trauer mit dabei wäre.

MICHAEL: Die ganze Erde ist in Trauer.

ANTWORT: Ja, so habe ich das empfunden ...

FRAGE: Wie kommt es, dass wir unterschiedliche Farben gesehen haben - Rot, Dunkelgrau und ich selbst Rot-Schwarz?

MICHAEL: Das ist das, was das 1. Chakra der Erde in euch spiegelt. Ihr alle nehmt unterschiedlichen Kontakt dazu auf, und deshalb nimmt jeder es anders wahr.

Und was fühlst du?

ANTWORT: *Ich sehe Bilder von einem Vulkan-Ausbruch... Es brodelt...*

MICHAEL: Jetzt wird euch auch viel bewusster, was auf eurer Erde geschieht!

Deshalb ist es so wichtig, dass alle Menschen diese Übung machen: um sich bewusst zu werden, was mit der Erde passiert - und dadurch mit euch.

FRAGE: *Können wir uns auch in alle anderen Chakren einfühlen?*

MICHAEL: Ja, du kannst in jedes der 12 Chakren kommen!

FRAGE: *Wo ist nochmal das 1. Chakra installiert?*

MICHAEL: In Neuseeland - dort, wo sich alles vereint. Alle Elemente vereinen sich dort.

Das ist das Wichtigste für alle Lebewesen: auf der Erde anzukommen - aus dem Mutterbauch herauszukommen, um dann die ganze Schönheit zu erfahren, die eure Erde euch schenkt.

FRAGE: Bei diesem 1. Chakra wurde sehr viel Trauer gespürt. Das hat mich ziemlich erschreckt, denn es heißt doch immer, in Neuseeland seien die Verhältnisse viel besser als zum Beispiel in Russland, China, Brasilien oder sonst wo. Sind die Chakren ein Spiegelbild des gesamten Erdballs?

MICHAEL: Ja! Sie sind ein Spiegelbild von allem! Neuseeland ist ein ganz spezieller Kraftort, und dieser Kraftort darf geschützt werden.

FRAGE: Er ist doch aber voller Trauer ...?

MICHAEL: Die Erde ist voller Trauer! Aber in Neuseeland kannst du diese Trauer ganz speziell abrufen. Doch dort kannst du auch ganz spezielle Heilungsarbeit leisten für die Erde.

FRAGE: Wie kann ich diese Heilungsarbeit leisten?

MICHAEL: Indem du die Essenz für Wasseraufbereitung im Atlas auf Neuseeland stellst; indem du dich immer wieder mit dem Dimensions-Tor verbindest und sehr viel Liebe und Licht dort hinschickst.

FRAGE: Warum die Wasseraufbereitungs-Essenz?

MICHAEL: Weil in allem auf der Erde - in jedem Körper, in jedem Grashalm - Wasser ist. Alles soll mit Licht und Liebe gefüllt werden.

FRAGE: Das heißt, ich kann diese Essenz auch auf die anderen Chakren stellen?

MICHAEL: Ja, auf alle. Und du kannst auch die jeweilige Chakra-Essenz dazustellen.

Was fühlst du jetzt?

ANTWORT: Immer noch tiefe Trauer. Aber auch ein bisschen Mut - wenn es die Möglichkeit gibt, etwas zu tun, dann ist mir jetzt doch ein bisschen leichter.

MICHAEL: Diese Chakren der Erde sind ja ebenfalls Tore. Deshalb ist es so wichtig, dass dort die Erde und das jeweilige Chakra-Thema geschützt werden.

FRAGE: Diese Trauer, die ich jetzt spüre - ist sie nicht auch ein Spiegelbild von mir selbst? Bin ich durch meine persönliche Trauer über bestimmte Dinge, die auf der Erde geschehen, viel offener und empfänglicher für das, was dieses Chakra aussendet?

MICHAEL: Ja. Dieses ganze System - wie ihr auf die Erde kommt, wie ihr aufwachst auf der Erde, wie die Kommunikation stattfindet zwischen euch -, das lässt doch nur trauern!

ANTWORT: Oh, ja, das ist richtig. Das denke ich oft.

MICHAEL: Deshalb brauchen wir neue Energie, um diese Trauer zu lösen. Deshalb ist es so wichtig, diese zwölf Chakren der Erde zu behüten und mit ihnen in Kontakt zu sein.

FRAGE: Das heißt, mit unserer Gedankenkraft können wir auch heilen helfen, und zwar ebenfalls über das Kollektiv-Bewusstsein?

MICHAEL: Ja! Ihr könnt heilen helfen, und ihr könnt über diese Dimensions-Tore helfen, die Energie der Erde wieder ins Gleichgewicht zu bringen.

FRAGE: Wenn wir also diese Übung machen, die Dimensions-Tore an unserem Kopf drücken, dann tragen wir gleichzeitig mit dazu bei, die Chakren der Erde ins Gleichgewicht zu bringen?

MICHAEL: Die Chakren der Erde, die ja gleichzeitig Tore sind – ja.

ANTWORT: Und diese Punkte an unserem Kopf sind ebenfalls Tore ...

MICHAEL: Ganz genau, ja.

FRAGE: ... es sind also die Tore zu den Dimensionen und gleichzeitig die Tore zu den Chakren - und wenn wir sie drücken und um Licht bitten, tragen wir zur Heilung der Erde und der Menschen bei, und gleichzeitig bringen wir die Chakren der Erde ins Gleichgewicht?

MICHAEL: Ja - das ist so!

FRAGE: So einfach ist das?! Mit so wenigen Mitteln können wir so viel bewirken?!

MICHAEL: Ja! Wenn ihr offen seid dafür - und wenn ihr das tun wollt!

Wenn ihr kommunizieren würdet mit euren Herzen, dann wäre dieses Wissen schon viel weiter verbreitet.

Doch jetzt geht's los!

ANTWORT: Jetzt geht's los ... Schön ...

MICHAEL: Ja! Jetzt geht es los!

Sananda gibt uns weitere Informationen:

FRAGE: Es gibt doch immer noch viele Plätze auf der Erde, die von einer anderen Ebene beeinflusst werden - von Seelen, die noch nicht ins Licht gegangen sind. Diese Seelen kontrollieren Häuser oder versorgen sie mit Energien, die es den Menschen, die dort leben, sehr schwer machen, ihre Mitte zu finden. Was kann der Einzelne tun? Geht das über das Gebet?

SANANDA: Drückt diese Höcker an eurem Schädel, dann könnt ihr euch mit allen Chakren der Erde verbinden, und ihr könnt euch mit allen Dimensionen verbinden - von der ersten bis zur sechsten.

Und wenn ihr auf diese Punkte drückt, dann könnt ihr das Licht, das aus der höheren Dimension kommt, so manifestieren, dass diese Häuser, diese Plätze gereinigt werden.

FRAGE: Das heißt, wir haben durch euch und von euch die Kraft bekommen, ebenfalls diese Reinigungen durchzuführen?

SANANDA: Ja!

FRAGE: *Muss ich dazu vor Ort sein?*

SANANDA: Nein! Du kannst dir diesen Ort, diesen Platz einfach vorstellen. Du drückst die beiden Punkte an den Höckern deines Schädels und bittest darum, dass die hohe Energie aus der fünften Dimension alle Wesen, die noch dort sind, in das Licht begleitet.

Und dann gehen sie ins Licht!

FRAGE: *Das sollten also viele Menschen tun, und sie sollten es immer und immer wieder tun?*

SANANDA: Ja! Ihr könnt die ganze Erde einhüllen! Setzt euch in Gruppen zusammen – tut das wirklich in Gruppen!

FRAGE: *Muss man für denselben Ort immer wieder aufs Neue um das reinigende Licht bitten oder ...?*

SANANDA: Manchmal braucht es neun Mal, bis solch ein Ort wirklich frei ist. Aber: Tut es wirklich in Gruppen! Nutzt diese Chance, mit vielen Menschen in Kontakt zu kommen! Trefft euch ein Mal die Woche, drückt euch die Punkte, meditiert und verbindet euch mit allen Orten – und auch mit allen Bitten, die an euch herangetragen werden!

FRAGE: *Das heißt konkret: Wir treffen uns in der Gruppe, und jeder Einzelne kann sich mit dieser Stelle verbinden, die ihm bekannt ist ...?*

SANANDA: Nein - nacheinander.

FRAGE: Die Gruppe also gemeinsam für jedes einzelne der Projekte, von denen die Mitglieder wissen, und das der Reihe nach?

SANANDA: Ja - genau. Macht das.

Plätze reinigen - Erd-Chakren reinigen -, macht das doch! Ihr habt doch alles in der Hand! Und ihr könnt die Menschen doch erreichen!

FRAGE: Wie wird es den Menschen ergehen, die das jetzt lesen? Wir hier im Buch-Team haben es erfahren, wir haben diese Übungen gemacht. Es gibt Menschen, die sich das einfach nicht vorstellen können, die sich blockieren und dadurch auch die Erfahrung nicht machen. Was gibst du denen als Tipp?

SANANDA: Sie sollen in eine der Gruppen gehen, um die Energie zu spüren, und sich in diese Energie fallen lassen!

Und wenn es solche Gruppen noch nicht gibt, dann aktiviert sie! Jeder von euch kann das tun! Es ist so wichtig!

FRAGE: Wer sich für diese gemeinsamen Übungen interessiert, soll sich also mit dem Kollektiv-Bewusstsein in Verbindung setzen, und dort kann man dann Gleichgesinnte treffen?

SANANDA: Ja! Dann könnt ihr gemeinsam so viel aufbauen, und ihr könnt damit so viel Heilung bringen! So viele Plätze könnt ihr heilen!

Und bringt das Buch wirklich heraus auf regenwaldfreiem Papier! Ihr habt doch alle Möglichkeiten - nutzt sie!

Ihr könnt doch wirklich alles tun!
Das sind die wirklichen Gottesdienste.

FRAGE: Wir haben eine spezielle Frage zu den Kraftplätzen: Uns interessiert, warum sich die Firma Kamasha und unser Buch-Team ausgerechnet in Manubach etabliert haben. Es hätte doch auch jeder andere Ort in Deutschland oder in Österreich oder in der Schweiz sein können!

Wir wissen, es gibt einen indischen Schöpfergott namens „Manu", und „Bach" symbolisiert ja ebenfalls Schöpferkraft, die fließt.

Aber wieso ist ausgerechnet dieses Haus in Manubach zu unserem Standort und Treffpunkt geworden?

SANANDA: Weil es ein Kraftplatz ist mit sehr viel Gold.

ANTWORT: Dieses Haus hat ja auch die Adresse „Rheingold-straße 1" ...

SANANDA: Es ist außerdem ein Heilplatz.

FRAGE: Ein Heilplatz mit sehr viel Gold ... Das klingt schön. Und dadurch ist dieser Platz am geeignetsten als Ausgangsort für alle diese Dinge, die Kamasha in die Welt bringt - die Essenzen, die Energiekarten, die Bücher und so weiter?

SANANDA: Ja. Sonst wärt ihr ja nicht da ... Er ist ein Anziehungspunkt für viele, viele Menschen, für viele

Tiere – und für euch. Diese Schönheit ist im ganzen Ort. Doch die Menschen haben es vergessen.

Deshalb trefft euch – bildet Gruppen, um mit den Übungen, die wir aus der geistigen Welt euch gegeben haben, euch und somit auch die Erde zu heilen.

MICHAEL: Gibt es noch Fragen?

FRAGE: Viele Menschen haben momentan (Anfang Dezember 2003) das Gefühl, dass das Leben ziemlich schwierig ist, dass viele Verrichtungen sehr viel schwerer fallen. Gab es in den letzten Tagen bestimmte Geschehnisse auf der Erde – wurde da mal wieder etwas manipuliert, oder wurden wir wieder einmal auf die Probe gestellt?

MICHAEL: Die Materie braucht Zeit, um sich umzustellen für dieses neue Gitter der Einheit.

Das Alte wird noch einmal transformiert. Es kommt nach oben, um dann zu gehen. Diese Transformation wird beschleunigt.

ANTWORT: Ah, ja – deswegen falle ich auch zurzeit dauernd hin oder stolpere herum ...! Es fällt wirklich auf: Viele Menschen fühlen sich schwindlig, sind unkonzentriert und müde.

MICHAEL: Weil sich die Energie verändert auf der Erde! Auch die Gehirnzellen verändern sich.

FRAGE: *Erhalten die Gehirnzellen mehr Licht, mehr Energie, damit es uns dann leichter fällt, lichtvoller zu denken?*

MICHAEL: Ja! Sämtliche Gehirnzellen, die bereits degeneriert sind -, zum Beispiel durch die Handy-Strahlen - werden wieder aktiviert. Sie wechseln aus der Degeneration in die Position des Lebens.

ANTWORT: *In die Position des Lebens ...*

MICHAEL: Ja. So viele Gehirnzellen bei euch sind verklumpt durch diese vielen Strahlungen. Das wird jetzt anders.

FRAGE: *Lösen sich diese Verklumpungen auf, damit die Energie fließen kann?*

MICHAEL: Ja. Sie lösen sich auf - die Gehirnzellen wollen wieder leben.

FRAGE: *Du sagst, Gehirnzellen, die durch Handy-Strahlen verklumpt wurden, werden wieder „freigeschaltet", wieder aktiv. Jetzt könnten ja viele Leute auf die Idee kommen, einfach drauffloszutelefonieren. Heißt das jetzt „freie Fahrt" für Handys - eine Lossprechung also?*

MICHAEL: Nein! Niemals! Weniger ist mehr! Dadurch, dass das Gitternetz der Einheit aktiviert wurde, ist natürlich das Handy-Netz ebenfalls verstärkt worden – von der Gegenkraft!

ANTWORT: Ah, ja... Wir müssen also weiter sehr vorsichtig sein.

FRAGE: Ich habe jetzt noch mal eine ganz andere Frage. Du hast uns vom H.A.A.R.P.-Projekt erzählt, und die NASA wird sich nicht angegriffen fühlen?

MICHAEL: Es weiß doch jeder bei euch auf der Erde, was da geschieht! Und jeder kann es durch das Kollektiv-Bewusstsein abrufen! Der Auftraggeber ist die amerikanische Regierung, und sie ist der Geldgeber für das H.A.A.R.P.-Projekt.

Jedes Wort, das hier entsteht in diesem Buch, ist im Kollektiv-Bewusstsein gespeichert. Jedes Wort – jeder Buchstabe!

FRAGE: Diese Proteste gegen die Machenschaften der USA-Regierung, diese Gedankenkraft, die sich jetzt überall weltweit und auch in den USA selbst manifestiert - führt das alles dazu, dass sich in der amerikanischen Politik und damit auch für die Menschen in Amerika und in der ganzen Welt bald etwas ändert? Wird es noch lange dauern, bis dort der große Umschwung kommt?

MICHAEL: Der vollzieht sich bereits. Und es wird noch viel mehr geschehen. Es braucht bei einem solch großen Land viel Zeit. Aber der große Umschwung vollzieht sich bereits.

FRAGE: Gab es in Amerika ebenfalls einen Seelenaustausch?

MICHAEL: Noch nicht ...

FRAGE: Wie kann sich der Leser einen solchen Seelenaustausch vorstellen?

MICHAEL: Er ist abgemacht mit der Seele, bevor sie auf die Erde kommt. Wenn dieser Mensch die entsprechende Position erreicht hat, wird die Seele automatisch ausgetauscht.

FRAGE: Diese Menschen leben ja innerhalb von Gemeinschaften - in der Politik, in der Familie und so weiter. Plötzlich ist da eine andere Seele. Aber das Leben geht ja weiter - nur anders... Wie kann das gehen?

MICHAEL: Sie sind trotzdem noch Familienvater oder Freund. Es ist eine andere Energie-Ebene - eine Energie-Ebene, die für das Licht handelt.

FRAGE: Weiß die Seele das? Ist der Mensch sich bewusst, dass eine andere Seele in ihm ist?

MICHAEL: Ja.

FRAGE: Gibt es bei einem solchen Menschen Persönlichkeitsveränderungen nach dem Seelenaustausch?

MICHAEL: Auch, ja. Aber diese Person kennt ihre Kinder immer noch ...!

ANTWORT: Und ihren Partner also auch ...! Das ist aber sehr beruhigend!

MICHAEL: Aber diese Menschen fühlen und handeln anders. Und sie wissen es. Doch sie dürfen es natürlich nicht preisgeben.

ANTWORT: *Das werden sie ja wohl auch nicht tun, denn das gehört ja zur Absprache.*

MICHAEL: Ja - doch diese Absprache erfüllt sich nur dann, wenn diese Person den vereinbarten Zustand auch tatsächlich erreicht.

FRAGE: *Ach so - dieser Mensch trifft also vor seiner Inkarnation diese Absprache, aber er muss seine Lernaufgaben erfüllen und sich weiterentwickeln bis zu dem Stadium, in dem er reif genug ist für diesen Seelenaustausch?*

MICHAEL: Bis er ein bestimmtes Amt, eine bestimmte Funktion hat - zum Beispiel in der Politik.

FRAGE: *Es geht also um das Amt, um die Funktion dieser Menschen - um die äußere Entwicklung im Leben?*

MICHAEL: Ja.

ANTWORT: *Nun, ich denke mir, man kann ja auch nicht erst Mörder gewesen sein und dann plötzlich Mutter Teresa ...*

MICHAEL: Alles ist möglich ... Alles!

FRAGE: *Dieser Mensch, bei dem ein Seelenaustausch stattfinden soll, muss also eine bestimmte Position auf der Erde erreicht haben, damit er die positive Entwicklung vollziehen kann?*

MICHAEL: Damit er sie manifestieren kann.

ANTWORT: Er braucht also eine herausragende Position, damit er bestimmen kann, so wird es gemacht und damit basta.

MICHAEL: Ja.

FRAGE: Dieser Seelenaustausch geschieht zurzeit bei Menschen, die ein politisches Amt haben. Auf anderen Ebenen auch?

MICHAEL: Ja.

FRAGE: Und das wird auch in Deutschland geschehen?

MICHAEL: Ja. Ihr könnt es doch schon fühlen, dass Neues entsteht. Ihr könnt wahrnehmen, dass das Alte zusammenbricht.

FRAGE: Zu diesem Komplex noch eine ganz andere Frage: Wie ist das eigentlich mit bestimmten sektiererischen Gruppen? Das sind doch massive negative Kräfte. Sie unterwandern zum Beispiel Firmen, oder sie agieren als angeblich spirituelle Gemeinschaften, um die Menschen zu manipulieren. Was geschieht mit denen?

MICHAEL: Alles, was nicht in Liebe ist, wird zusammenbrechen. Sie haben nur noch wenig Kraft.

FRAGE: Erleben sie nochmal die Illusion eines scheinbaren Aufbruchs?

MICHAEL: Nein. Wozu? Sie haben ihre Chance doch schon gehabt!

FRAGE: Welche Chance?

MICHAEL: Berühmt zu sein und ein bisschen die Macht zu spüren.

FRAGE: Ist mein Eindruck richtig, dass die Menschen insgesamt bereits sehr viel wacher geworden sind? Dass sie sehr rasch spüren, wenn etwas nicht stimmt – dass sie sich nicht mehr so manipulieren lassen, sondern falsche Informationen viel eher erkennen?

MICHAEL: Ja! Die Zeit ist reif dafür.

Gibt es noch Fragen?

FRAGE: Ja, denn uns ist etwas eingefallen zu unseren Büchern „Gespräche mit Erzengel Michael": Bis 2012 sollen neun Bücher geschrieben werden. Jetzt hast du ja gesagt, bis 2008 ist der endgültige Umbruch auf der Erde vollzogen ... Braucht es da noch alle diese neun Bücher?

MICHAEL: Es werden trotzdem neun Bücher bleiben.

Es sind Bücher, die euch begleiten: Die ersten sechs begleiten euch auf dem Weg in die fünfte Dimension, die letzten drei sind die Begleitbücher durch diese Dimension.

FRAGE: Es heißt, jede Dimension hat zwölf verschiedene Stufen. Jetzt sind wir ja noch in der vierten Dimension. In welcher dieser Stufen von eins bis zwölf befinden wir uns?

MICHAEL: In der zehnten.

FRAGE: Wie lange dauert so eine Stufe - gibt es dafür Zeitbegriffe, oder ist das verschieden?

MICHAEL: Das hängt von der Energie ab.

FRAGE: Seit wann sind wir in der vierten Dimension?

MICHAEL: Seit 1986.

FRAGE: Wir sind also seit Tschernobyl in der vierten Dimension, und bis zum Jahre 2008 werden wir die fünfte erreicht haben?

MICHAEL: Ungefähr bis 2008, ja.

FRAGE: Ist das eigentlich relativ schnell oder ...?

MICHAEL: Das ist nicht zu beurteilen. Es ist durch nichts zu beurteilen.

FRAGE: Seit 1986 ist eine neue Generation von Menschen entstanden. Wird das auch ab 2008 so sein?

MICHAEL: Diese Generation entsteht jetzt schon.

FRAGE: Die Kinder dieser neuen Generation haben es jetzt noch sehr schwer. Man liest zurzeit so viel darüber, dass Kinder und Jugendliche dauernd - ich sage es mal salopp - ausflippen, dass sie total überdreht sind. Und die Eltern sind oft sehr hilflos ...

MICHAEL: Es ist sehr wichtig: Bringt die Essenzen in die Schulen! Macht Seminare für Lehrer, damit sie die Essenzen vertreiben und ihren Kindern und Schülern geben: als Raumspray!

Ihr habt so viele Möglichkeiten!

FRAGE: Welche Essenzen sollen das genau sein?

MICHAEL: Gold, Metall, Indigo-Kinder, Immun-System, Jesus, Kuthumi, Michael.

Macht Mischungen als Raumsprays – das ist ganz wichtig! Gebt sie in die Schulen!

ANTWORT: Es wurde ja schon darüber geredet, Kinder ab vier Jahre einzuschulen. Ich finde es auf der einen Seite erschreckend, die Kinder so früh in dieses System zu zwingen – wenn ich andererseits aber sehe, wie weit diese Kinder schon sind in ihrer Entwicklung und in ihrem Intellekt ...

MICHAEL: Aber nicht in diese Form der Schule. Dort werden sie kaputtgemacht.

Es ist sehr wichtig: Die Kinder sollen lernen, wo die Erd-Chakren sind – die Kinder sollen lernen, was auf der Erde wirklich gelebt wird!

Die Kinder sollen ihren Frieden behalten! Und dazu braucht es neue Institutionen. Das Alte wird zusammenbrechen, was wir ja jetzt schon spüren.

ANTWORT: Da müsste aber bei den Verantwortlichen unbedingt ebenfalls ein Seelenaustausch stattfinden, denn gerade in unserem Schulsystem werden die Kinder doch systematisch kaputtgemacht. Es ist ja fest in der Hand einer Generation, die an den starren und überholten Regeln festhält. Ich sehe doch, wie auch Lehrer kontinuierlich ihren Idealismus und ihr Engagement verlieren. Da müsste doch auch beim Kultusministerium etwas geschehen!

MICHAEL: In euch muss etwas passieren - in den Menschen! Erst dann kann auch im Außen etwas geschehen! Erst wenn die Menschen verstehen, was wirklich geschieht, und wenn das im Kollektiv-Bewusstsein gespeichert ist - erst dann kann sich dieses Lehrsystem verändern!

FRAGE: Gibt es besondere Worte, die du an alle richten kannst, die in diesem Bildungssystem arbeiten?

MICHAEL: Das Größte ist, dass sie das Herz für sich selbst öffnen und dadurch die Kinder wieder sehen und hören!

Und dass sie ihr inneres Kind wieder leben lassen!

Dass sie wirklich in Freiheit und in Schönheit das Leben lehren dürfen!

FRAGE: Wie können wir uns noch um positive Veränderungen kümmern? Da sind also die Essenzen, da ist das Raumspray ...

MICHAEL: Schreibt Briefe! Schreibt Briefe an die Schulen! Schreibt Briefe, damit sie wirklich aufwachen - schreibt, dass es um das Handeln geht! Es ist wichtig!

Sie wissen ja alle selbst, wie die Gewalt an den Schulen zunimmt. Das wissen die Lehrer, das wissen die Schulleiter. Eure Tageszeitungen sind voll von diesem Thema.

Das Wichtigste ist: Schreibt, dass durch diese Essenz-Mischungen Gewaltfreiheit entstehen kann.

Lasst den Text in euch selbst entstehen. Der Anhaltspunkt ist „Gewaltfreiheit" - „Miteinander" und die Begegnung von Herz zu Herz.

FRAGE: Sollen die Themen Drogen und Sucht ebenfalls angesprochen werden?

MICHAEL: Erst einmal nicht. Wichtig ist, dass überhaupt ein neues Bewusstsein erwacht.

Schreibt Briefe an die Schulen! Wirklich - tut das! Sie sollen das Raumspray benutzen, oder das Reinigungspersonal soll es in das Wasser geben. Das ist genauso gut.

Es muss wirklich etwas getan werden für die Kinder, diese wundervollen Seelen!

FRAGE: Wir könnten ja dann auch bei unseren Kindern die Aura besprühen?

MICHAEL: Oder ihnen die Essenz mitgeben.

FRAGE: Ich kenne das Schulsystem recht gut, weil ich in diesem Bereich lange tätig war. Es ist außerordentlich schwierig, an die Lehrer und an Schulleitungen heranzukommen. Ich kann mir gut vorstellen, wenn wir mit unseren Vorschlägen und Informationen kommen, wird erst mal gesagt, da kommen jetzt ein paar Spinner, die uns etwas weismachen wollen.

Ja, es ist wichtig, entsprechend formulierte Briefe zu schreiben. Aber wäre es auch möglich - ich stelle mir das jetzt einfach mal so vor -, von Schule zu Schule zu gehen und dort die Essenz hineinzusprühen?

Wenn ich mir so einige Schulen vorstelle, glaube ich nicht, dass wir da auf offene Ohren stoßen! Entweder ernten wir schallendes Gelächter, oder sie rufen die Polizei oder die Psychiatrie. Können wir auch mittelbar etwas tun - und wenn ja, was?

MICHAEL: Wo willst du es hineinsprühen?

ANTWORT: In das Schulgebäude.

MICHAEL: Das kannst du tun - aber es ist auch sehr, sehr wichtig, diese Menschen, die an den Schulen tätig sind, direkt mit diesem Thema zu konfrontieren. Das ist absolut wichtig!

Die geistige Welt wird alles unterstützen. Wir werden dieses Spray sehr stark energetisieren, damit die Wirkung sehr rasch eintritt.

ANTWORT: Es müsste so sein, dass die Lehrer so überzeugt sind von diesem Spray, dass sie gar nicht mehr anders zu ihren Schülern gehen wollen ...

ANTWORT: Dann erkläre ich mich bereit, in meiner Stadt von Schule zu Schule zu ziehen und dieses Friedensspray dort einzusetzen! Und zuallererst werde ich zum Kultusministerium gehen und dort alle Stockwerke besprühen, damit dieser Bürokratismus endlich aufhört - denn von dort kommen ja diese idiotischen Verfügungen und Erlasse, die das Schulsystem so menschenunfreundlich machen!

MICHAEL: Es reicht doch schon, wenn du es in den Aufzug sprühst - der fährt doch von Stockwerk zu Stockwerk!

ANTWORT: Das ist eine supergute Idee! Mache ich! Ich gehe zum Kultusministerium und zum Wissenschaftsministerium und sprühe Liebe und Frieden! Dann muss sich doch endlich etwas ändern in diesem System!

ANTWORT: Und dann sollten wir dieses Spray noch in den Rathäusern und bei allen Behörden einsetzen ...

MICHAEL: Ihr seid das Licht. Ihr seid die Liebe. Ihr könnt alles kreieren. Alles!

Ihr werdet unermesslich geliebt.

In tiefem Frieden

Erzengel Michael

Die Chakren der Erde

Neuseeland, die Kanarischen Inseln, Peru,
Bali und Santa Fé

Botschaft vom 9. Dezember 2003

Wie schön, euch wieder zu treffen!

Das Bewusstsein von Sananda ist mit euch – und das, was
geschieht, ist das Bewusstsein der allumfassenden Liebe!

Wo zwei oder drei in meinem Namen versammelt sind,
da bin ich mitten unter ihnen. Das könnt ihr glauben
oder nicht ... Aber es ist so.

Sananda spürt mehr und mehr das Vertrauen in eure
Kraft, das Vertrauen in euch selbst, das Vertrauen in uns
und in eure Göttlichkeit!

Wenn ihr euch einmal für das Licht entscheidet, ist das
Leben niemals mehr langweilig. Niemals mehr! Aber es
ist auch eine große Verantwortung, die ihr tragt – und
die ihr tragen könnt. In jedem Atemzug ist die Verantwortung da. Das ist sehr wichtig. Deshalb sagen wir euch,
welche 12 Erd-Chakren es gibt in der fünften Dimension.

Diese Erd-Chakren sind die Chakren der fünften Dimension, nicht die der vierten. Es ist von großer Wichtigkeit, dass ihr euch wieder verbindet mit dieser Energie, dass ihr den Puls des Lebens wieder spürt!

Energetische Operationen sind sehr wichtig in dieser Zeit. Sehr wichtig! Und wenn ihr spürt, dass so viele Menschen Entzündungen haben - sei es Aids, sei es Krebs, seien es Geschwüre -, dann ist es so, weil auch die Erde entzündet ist. Denn ihr alle seid ein Teil der Erde. Alle.

Wenn die Erde entzündet ist, dann ist auch ein großer Teil der Menschen entzündet. Dem ist so. Es hat sich über alle Zeiten in der Erde so manifestiert; ob es die Pest war, ob es Aids oder Krebs ist: Alles ist ein Spiegel!

Als ich in meinem Körper als Jesus war, haben wir unsere Körper ganz anders bewegt. Wir sind gelaufen, gelaufen und gelaufen. Und der Körper wurde als Tempel gefeiert!

Der Körper ist niemals eine Daseinsberechtigung auf der Erde, oder?

FRAGE: Wie meinst du das genau? „Der Körper ist niemals eine Daseinsberechtigung" - wie sollen wir das verstehen?

SANANDA: Leben, um zu überleben - niemals!

FRAGE: Sondern leben, um zu leben?

SANANDA: Ja! Leben, um zu lieben - und lieben, um zu leben! Darum geht es doch!

Die Erde - und ihr! - braucht die zwölf Chakren. Wenn die zwölf Chakren der Erde gestört sind, sind auch eure zwölf Chakren gestört. Und deshalb ist es von so großer Bewusstheit, die Erd-Chakren zu heilen, zu aktivieren und zu schützen - und damit auch eure zwölf Chakren. Denn nur so könnt ihr miteinander ins Gleichgewicht kommen.

FRAGE: Ich habe das jetzt so verstanden: Die Menschen leben zum großen Teil nicht in Liebe mit sich selbst, mit ihren Nächsten und somit zur Erde. Und weil wir verbunden sind mit der Erde, sind auch deren Chakren krank. Das heißt, jede Heilung in uns bedeutet automatisch die Heilung der Erd-Chakren. Sehe ich das richtig?

SANANDA: Ja! Aber wenn ihr den zwölf Chakren der Erde Heilung gebt, dann wird diese Heilung auch in euch, in eure zwölf Chakren, übergehen. Denn ihr seid immer miteinander verbunden - immer!

FRAGE: Wir können die Erde heilen mit der Wasser- und der Erd-Essenz und mit verschiedenen anderen Essenzen - was können wir außerdem noch tun?

SANANDA: Ihr könnt das Mantra OM SHANTI benutzen. Es bedeutet: „Das höchste Bewusstsein des Friedens". Natürlich gibt es überall auf der Erde Kraftplätze. Aber diese zwölf Chakren, die wir der Erde gegeben haben - in

Neuseeland, auf den Kanarischen Inseln, in Peru, auf Bali, in Santa Fé, auf Hawaii, auf den Bahamas, in Brasilien, der Schweiz, in Thailand, Nepal und Indien –, sind die wichtigsten Energiequellen für euch.

FRAGE: Warum gibt es in Afrika kein Chakra?

SANANDA: In Afrika ist das 5. Chakra der vierten Dimension.

FRAGE: Heißt das, die Chakren verlagern sich in den jeweiligen Dimensionen?

SANANDA: Ja, sie verlagern sich.

FRAGE: Die zwölf Chakren verändern sich also jeweils – warum ist das so? Gehen sie dahin, wo die Erde jeweils am meisten Heilung braucht?

SANANDA: Dort, wo die Chakren der fünften Dimension verankert sind, gibt es noch besonders viele Kraftplätze. Es können dort noch sehr viele Energien aktiviert werden.

FRAGE: Andere Energien als in der vierten Dimension?

SANANDA: Ja, andere.

FRAGE: Ist das so, weil die Erde dann höher schwingt und die Menschen somit auch eine andere Energie brauchen?

SANANDA: Ja!

FRAGE: Und diese höheren Energien sind bereits in der Erde vorhanden und werden dann aktiviert?

SANANDA: Sie werden jetzt richtig aktiviert, ja.

ANTWORT: *Dann ist die Erde ja eigentlich ein einziger großer Kraft-Ball ...*

SANANDA: Ja - ein sehr großer Kraft-Ball! Willst du ihn spüren, diesen Kraft-Planeten?

REAKTION: *Sananda reicht seine gewölbte Hand zu mir herüber und legt den (unsichtbaren!) „Kraft-Ball" in meine ebenfalls gewölbte Hand. Ich spüre einen runden Gegenstand von unglaublich kraftvoller, feuriger Energie. Diese unsichtbare Kugel fühlt sich so schwer an, dass es mir die Hand herunterzieht, obwohl ich sie mit meinem zweiten Arm stütze. Mein ganzer Körper wird durchdrungen von einer unglaublich starken, vibrierenden Energie. Sie wird sehr rasch so stark und heftig, dass ich es nicht mehr aushalte und diesen unsichtbaren „Kraft-Planeten" an das nächste Team-Mitglied weitergeben muss. Noch eine ganze Weile danach bin ich überwältigt und fassungslos von diesem unglaublichen Erlebnis (Shamara).*

Die Mitglieder des Buch-Teams nehmen der Reihe nach den unsichtbaren Kraft-Ball in ihre Hand. Alle haben ähnliche Empfindungen.

SANANDA: Und diese Energie ist erst zu 50 Prozent aktiviert! Es ist die Energie des ersten Chakras, das in Neuseeland verankert ist.

Neuseeland ist deshalb so stark, weil es die Erde hält. Es ist die Verankerung, die Manifestation der Erde - die Erdung. Und das wird immer stärker werden.

FRAGE: Wie können wir uns das vorstellen mit dieser Verankerung, mit dieser Manifestation?

SANANDA: Dort sind zurzeit die stärksten Erd-Energien, weil die Erde sonst fallen würde.

FRAGE: Fallen ...?

SANANDA: Umkippen!

FRAGE: Die Erde wird dort also in der Balance gehalten - in der jetzigen Balance?

SANANDA: Ja!

FRAGE: Es wird also nicht diesen Pol-Sprung geben, wie oft berichtet wurde?

SANANDA: Nein - denn in Neuseeland sind bereits 50 Prozent dieser neuen Energien verankert. Es wird nicht zu diesen Katastrophen kommen, wie sie in vielen Büchern beschrieben wurden.

FRAGE: Weil sich inzwischen so viele Menschen bereit erklärt haben, den Weg des Lichts zu gehen ...?

SANANDA: Ja. Und weil die Erde sich geöffnet hat für diese Qualität.

FRAGE: Die Erde hat sich geöffnet - wie ist das zu verstehen?

SANANDA: Sie hat sich trotz all ihrer Qualen, die ihr der Erde antut, für euer Herz geöffnet.

ANTWORT: *Die Mutter Erde hat ihr Herz geöffnet für ihre Kinder, die Menschen, die ihr so viel Schlimmes angetan und sie so sehr gequält haben ...*

SANANDA: Ja ...

SANANDA: Und hier sind die Kanarischen Inseln, das zweite Chakra der Erde. Es ist zu 30 Prozent aktiviert (Sananda gibt uns den „Ball").

REAKTION: *Ich fühle nur sehr wenig – nein, stimmt nicht, jetzt fängt es ja erst richtig an! Das ist ja unglaublich! Was für eine Energie!*

SANANDA: Die Kanarischen Inseln haben den Auftrag und das Bewusstsein des 2. Chakras: der Vereinigung von Mann und Frau, der Vereinigung von männlicher und weiblicher Energie, aus der immer etwas Neues entsteht.

Alle Kanarischen Inseln sind von Wasser umgeben. Dieses Meerwasser symbolisiert Gefühl und ständiges Loslassen: vereinigen und loslassen ... vereinigen und loslassen ...

Das ist die Energieform des 2. Chakras und der Kanarischen Inseln.

FRAGE: Warum ist dieses Chakra erst zu 30 Prozent aktiviert?

SANANDA: Weil das Bewusstsein eures 2. Chakras diese hohe Energie nicht aushalten würde. Es ist wichtig, dass die Menschen diese Energie auch ertragen können.

FRAGE: Ist die menschliche Sexualität noch nicht ausgereift genug, um diese Energien zu verkraften?

SANANDA: Die menschliche Sexual-Energie ist die Vereinigung eures inneren Gottes und eurer inneren Göttin.

Doch schaut euch an, wie auf der Erde, wie in eurer Zeit Sexualität gelebt wird!

Nicht frei! Nicht vom Herzen!

Es ist gleichzeitig ein Schutz, dass nur 30 Prozent der Energien aktiviert sind!

Die Menschen müssen dort, auf den Kanarischen Inseln, aufhören, dieses Land so sehr zu zerstören durch den Tourismus.

ANTWORT: Das geschieht ja schon zum Teil.

SANANDA: Und es kommt immer mehr.

FRAGE: Ich habe gehört, die insgesamt zwölf Chakren der Menschen wären bereits in uns vorhanden und würden durch die

Anhebung in die fünfte Dimension aktiviert. Bisher waren ja nur sieben Chakren aktiviert. Die Chakren der Erde werden verlagert – die Chakren der Menschen dann auch?

SANANDA: Nein, sie werden nicht ausgetauscht. Es wird nicht so sein, dass das Wurzel-Chakra auf einmal das 3.Auge ist!

Die menschlichen Chakren werden immer stärkeren Energien ausgesetzt sein und immer stärkere Energien bekommen.

Und jetzt gebe ich euch die Energie des 3. Chakras. Es ist Peru (Sananda reicht den „Kraft-Ball" herum).

REAKTION: Das ist heftig! Das fühlt sich sehr stark an! Eine unglaubliche Energie!

SANANDA: Dieses Chakra ist zu 75 Prozent aktiviert.

Wie geht es euch mit Peru? Spürt ihr die Energie auch in euren Chakren, wenn ihr den Ball in euren Händen haltet?

REAKTION: Es fühlt sich gut an! Eine wunderbare Energie! Der ganze Körper ist mit Kraft durchströmt!

SANANDA: Peru ist der Nabel der Welt und deshalb ein wichtiger Punkt für die Erde. Er ist sehr ausgleichend. All diese Emotionen, die ihr zurzeit dort auf der Erde fabriziert, die ihr produziert, sind von so einem unglaublichen Ausmaß ... Wenn das 3. Chakra nicht wäre ...

FRAGE: Was meinst du damit - sind das überwiegend negative Emotionen? Du sprichst sicher von den Kriegen auf der Erde - und was meinst du sonst noch?

SANANDA: Kriege, Gewalt - alles! Und all das, was zurzeit geschieht, hat eine Auswirkung auf euren Solarplexus. Diese ganzen Energien von Macht, von Unterdrückung, von nicht gelebten Energien - sie sind alle in euren Chakren.

FRAGE: Kann es sein, dass ich deshalb manchmal das Gefühl habe, mein Bauch ist so randvoll, dass ich es fast nicht mehr aushalte? Und dass ich manchmal meine, mein Bauch würde spontan dicker - so als ob er einen Schutzwall um sich herumlegen würde?

SANANDA: Ja!

FRAGE: Warum ist das zurzeit so schlimm auf der Erde, warum spürt man reihum nur noch Hass und Gewalt?

SANANDA: Weil die Menschen ihren Körper nicht mehr spüren! Sie bewegen sich doch gar nicht mehr! Alles wird nur noch maschinell gemacht in eurer Dimension!

Und ihr denkt, ihr wärt so Klasse! Ihr seid ja noch viel weiter zurück als in der Zeit, als ich noch im Körper war!

ANTWORT: Und wenn die Menschen sich bewegen, dann sind sie so unter Druck und Stress durch all diesen Leistungssport, durch all diese Hektik ...

SANANDA: Ja!

SANANDA: Wollt ihr noch mehr spüren?

ALLGEMEINES lautes Ja!

SANANDA: Jetzt gebe ich euch Bali, das Herz-Chakra der Erde.

FRAGE: Zu wie viel Prozent ist das 4. Erd-Chakra auf Bali aktiviert?

SANANDA: Es sind 50 Prozent (Sananda gibt uns den „Kraft-Ball").

REAKTION: Das fühle ich besonders stark! Es ist eine ganz besondere Energie! Es fühlt sich sehr weich an ...

SANANDA: Weil ihr euer Herz lebt! Weil ihr diese Verbindung schon viel stärker und viel intensiver fühlt als andere Menschen!

ANTWORT: Ich habe eine so extreme Strömung gespürt, dass ich geglaubt habe, das Herz müsste mir überquellen.

SANANDA: Ihr könnt euch noch viel stärker damit verbinden durch all diese Einweihungen, die ihr bekommt durch diese Treffen mit der geistigen Welt.

Wir wollen doch in euch allen etwas Neues manifestieren! Wir wollen doch nicht mehr das Alte! Deshalb seid ihr doch überhaupt hier an diesem Ort, an dem ihr euch auch heute wieder trefft!

ANTWORT: Dieser Ort hier hat ja auch eine besondere Anziehungskraft - ohne Frage.

SANANDA: Ja!
Diese Energie von Bali - das Herz-Chakra, die Mitte, der Mittelpunkt der Erde, der Mittelpunkt in den Chakren... Wunderbar.

FRAGE: Kannst du uns beschreiben, wie die Menschen auf Bali diese Energie empfinden?

SANANDA: Sie stehen mittendrin, und sie können es annehmen - wenn sie es wollen. Nicht alle tun es. Die Menschen wissen, dass ihr Land ein großer Kraftplatz ist; doch die indonesische Regierung hält „den Deckel drauf".

Das Herz-Chakra ist doch bei so vielen Menschen völlig blockiert! Und diese Macht drückt sich darüber aus.

Das 4. Chakra auf Bali ist die Kraft des Herzens. Die Vision - die Liebes-Vision -, die ich als Jesus ebenfalls hatte, als ich auf der Erde war, verankert sich dort immer mehr.

FRAGE: Wenn du jetzt wieder als Jesus auf die Erde zurück-kämst - was würdest du tun?

SANANDA: Ich würde mich hinsetzen auf die Autobah-nen und würde den Verkehr anhalten - damit ihr wieder atmen könnt auf der Erde!

Ich würde mich hinsetzen auf die Flugplätze der Erde und würde die Flugzeuge anhalten - denn die Art, wie ihr fliegt, ist einfach lächerlich.

Wieso nehmt ihr noch diese Treibstoffe für Autos und Flugzeuge? Es gibt so viele andere Technologien!

ANTWORT: Die auch schon längst bekannt sind und nur unter-drückt werden auf der Erde ...

SANANDA: Ja!

ANTWORT: Dann müsstet ihr von der geistigen Welt auch sehr rasch diese Maschinen vernichten, die sekundenschnell Tausende von Bäumen im Regenwald abholzen - Bäume, die in Jahrhun-derten und Jahrtausenden gewachsen sind ...

SANANDA: Wenn ihr wirklich bewusst darauf achtet, könnt ihr etwas tun! Schaut euch an - ihr seid doch ein Verlag, ihr könnt doch wirklich etwas ändern! Wenn ihr bewusst regenwaldfreies Papier benutzt, dann könnt ihr doch damit etwas verändern!

Wenn dieses Buch so viele Millionen Menschen erreichen soll: Dann tut es doch! Nehmt nur solche Lieferanten, die euch definitiv beweisen können, dass es
regenwaldfreies Papier ist, das sie euch liefern!
Ihr könnt doch etwas ändern - ihr selbst!

ANTWORT: Und jeder muss bei sich selbst anfangen ...

SANANDA: Ja! Und wenn ihr - der Verlag - etwas in
Bewegung setzt, dann werdet ihr damit so viele Menschen zum Nachdenken bringen!

Und wenn ihr dann noch auf das Buch ganz groß drauf-
schreibt: „regenwaldfreies Papier" - was meint ihr, was
dann passiert? Macht das! Damit könnt ihr Tausende von
Menschen erreichen!

Das sind die Kampagnen in Liebe und aus Liebe zur Erde.

*FRAGE: Wann kommst du eigentlich wieder als Meister zur
Erde zurück?*

SANANDA: Wenn alles sich weiter so entwickelt, dann
werden wir uns schon sehr bald treffen.

FRAGE: Werden wir dich erkennen?

SANANDA: Ja. Ihr alle werdet mich erkennen - alle.
Überall.

FRAGE: Wirst du auf der ganzen Erde bekannt sein?

SANANDA: Ja.

FRAGE: Als Jesus?

SANANDA: Nicht als Jesus. Der Name wird noch nicht bekannt gegeben.

FRAGE: Kommst du als Mann oder als Frau?

SANANDA: Als Frau.

FRAGE: Um einen Ausgleich zu schaffen - um die weibliche Energie zu manifestieren?

SANANDA: Ja.

ANTWORT: Du wirst dann wieder sehr viele Menschen aus den Tempeln jagen müssen ...

SANANDA: Erst die Flugzeuge! Erst die Autos!

FRAGE: Das heißt also, wenn wir demnächst jemanden protestierend auf der Autobahn herumsitzen sehen ...?

SANANDA: ... dann könnt ihr ruhig anhalten und mich mitnehmen, ja!

ANTWORT: Was mich noch sehr bedrückt, sind die Schiffe, die ihre Abfälle in die Meere verklappen und damit das Wasser und den Lebensraum der Meeresbewohner zerstören. Ich sende diesen Menschen schon sehr lange immer wieder Liebe, damit sie endlich lernen, verantwortungsbewusster zu handeln.

SANANDA: Tut das! Tut es immer und immer wieder!

FRAGE: Wirst du neu inkarnieren, oder wird das ein Seelenaustausch sein?

SANANDA: Es wird ein Seelenaustausch. Sonst bleibt keine Zeit ...

FRAGE: Weiß die betreffende Person es schon?

SANANDA: Es sind mehrere, die zurzeit da sind, und die wissen es schon.

FRAGE: Du wirst in mehreren Personen sein?! Das ist spannend! Gibt es eigentlich mit diesem Seelenaustausch auch eine Persönlichkeitsveränderung dieser Menschen?

SANANDA: Zwangsläufig!

FRAGE: In welcher Form?

SANANDA: Dass sie kein Fleisch mehr essen ... Dass sie nicht mehr rauchen ... Doch sie werden ihre Kinder weiterhin erkennen, und sie werden sie weiterhin lieben! Der Körper verändert sich nicht.

FRAGE: Wissen die Seelen der Kinder ebenfalls von diesem Tausch?

SANANDA: Ja, alle beteiligten Seelen wissen es.

FRAGE: Wann wird das mit dem Seelenaustausch geschehen?

SANANDA: Wenn alles sich so manifestiert, wie vorgesehen, sehr bald.

Habt ihr noch Fragen?

Dann wird Sananda euch jetzt das 5. Chakra in eure Hände geben: Santa Fé.

Santa Fé hat eine sehr starke Kraft. Es ist zu 70 Prozent geöffnet (Sananda reicht uns wieder eine unsichtbare „Kugel").

REAKTION: Ich spüre einen sehr starken Impuls ...

SANANDA: Kommunikation! Es ist das Chakra der Kommunikation!

REAKTION: Als ich diese Kugel übernommen habe, habe ich viele dunkle Wolken gesehen. Und mein Hals hat mir wehgetan.

SANANDA: New Mexico - Santa Fé - wird zurzeit sehr stark beeinflusst von diesen Machenschaften der USA. Die Mächte versuchen, dieses Land dumpf zu halten, damit das Chakra nicht aktiviert wird.

Denn mit Kommunikation - damit könnt ihr alles erschaffen. Doch die Mächte kämpfen dagegen.

FRAGE: Es läuft also gerade ein Kampf ab - ist das ein Kampf zwischen Menschen oder ein Kampf mit geistigen Kräften?

SANANDA: Mit geistigen Kräften!

FRAGE: Ist in New Mexico auch so ein „dunkles Tor" wie in Kleinasien?

SANANDA: Nein. Es geht um die Macht - es geht um das Licht. Je stärker die Kommunikation da ist, umso mehr wachen die Menschen auf. Sie gehen auf die Straße und wollen nicht mehr leben, was sie bisher gelebt haben.

FRAGE: Das muss ein sehr heftiger Kampf sein, nach dem, was ich gespürt und gefühlt habe. Ist das dieser Kampf zurzeit: dass die Menschen spüren, sie wollen heraus aus ihrer Dumpfheit?

SANANDA: Ja - damit es etwas Neues gibt!

Die Kommunikation gibt es auch zwischen uns und euch: Wir aus der geistigen Welt nutzen sie, um durch Menschen zu euch und mit euch zu sprechen.
Doch wenn das Kehl-Chakra der Erde, das Kommunikations-Chakra, nicht geöffnet ist, dann kann diese Kommunikation nicht funktionieren, dann können wir nicht so klar durch Menschen zu euch sprechen. Und auch deshalb ist dort dieser Kampf!

ANTWORT: Wir werden doch auch manipuliert dadurch, wie in den Medien mit der Sprache umgegangen wird - in den Zeitungen und Billigblättern, im Fernsehen oder durch Computer. Die Kinder können dadurch immer weniger kommunizieren.

SANANDA: Alles ist Kommunikation! Selbst dein Herzschlag ist Kommunikation! Dein Atem ist deine Kommunikation mit Gott!

FRAGE: Ist es so, dass im Moment diese Kommunikation auf der gesamten Erde unterdrückt wird? Man sieht es ja zum Beispiel an diesem entsetzlichen Schulsystem, wie da mit den Kindern umgegangen wird; man sieht es daran, wie die Qualität der Sprache immer mehr abnimmt in Zeitungen, Zeitschriften und Büchern. Ist das ein ganz großer, weltweiter Kampf?

SANANDA: Ja! Es ist ein Kampf zwischen der Nicht-Kommunikation und der Licht-Kommunikation.

ANTWORT: Die Nicht-Kommunikation kämpft also mit der Licht-Kommunikation ... Aber das Licht wird natürlich siegen!

SANANDA: Oh, ja!

ANTWORT: Und jeder Einzelne muss innerhalb seiner eigenen Kommunikation mit dazu beitragen.

Das bestätigt noch einmal, was ihr uns immer wieder sagt: „Atmet und seid euch bewusst, dass ihr mit jedem Atemzug mit Gott in Verbindung seid."

SANANDA: Ja! Mit jedem Atemzug atmest du Gott. Und das ist Kommunikation!

Und all diese Mechanismen, diese alten Technologien - Auto-Motoren, Flugzeug-Motoren -, stören euren Fluss zwischen eurem Atem und Gott.

ANTWORT: *Und sie stören auch die verbale Kommunikation!*
Dieser Lärm durch tief fliegende Flugzeuge, der zum Beispiel
über unserem Ort gerade bei schönem Wetter fast unerträglich
wird - da kann man überhaupt nicht mehr miteinander reden,
weil der Lärm alles übertönt! Also wird auch hier wieder ver-
sucht, uns dumpf zu halten!

SANANDA: Ja!

Sananda möchte mit euch zum Abschluss ein Ritual
vollziehen. Gib mir bitte dieses Wasser (Sananda nimmt
den Glaskrug mit Trinkwasser, der in dem Zimmer steht.
Er umfasst den Krug mit beiden Händen, schließt die
Augen und meditiert kurze Zeit. Dann reicht er uns den
Krug):

Das, was ihr jetzt trinkt, ist nicht das Blut von mir, sondern das Leben.

REAKTION *(die Mitglieder des Buch-Teams trinken reihum*
von dem Wasser): Das schmeckt wie Sahne! Wunderbar! Es
schmeckt weich, ganz weich - weich und voll ... Man spürt die
Fülle ...

SANANDA: Das ist das Leben!

Gebt allen Menschen davon, die hier an diesem Platz
sind.

REAKTION: *Ich habe das Gefühl, mein ganzer Körper verändert*
sich.

SANANDA: Auch deine Aura - sie verändert sich zu goldenem Licht.

Nehmt dieses wundervolle Geschenk an und lebt euer Herz.

Das Bewusstsein von Sananda,
dem Sohn des Friedens,
dem Sohn der Liebe,
atmet in euch.

OM SHANTI OM SHANTI OM SHANTI

Die Chakren der Erde

Hawaii, die Bahamas, Brasilien und die Schweiz,
die Kontaktaufnahme mit den Erd-Innenbewohnern
und der Umgang mit Geld

Botschaft vom 15. Dezember 2003

Meine Geliebten!

Das Bewusstsein von Sananda ist mit euch und grüßt euer Sein.

Wie schön, euch zu treffen, um tiefer zu gehen - um mehr und mehr die Visionen des Herzens auf die Erde zu bringen, um das Bewusstsein immer mehr zu manifestieren.

Habt ihr Fragen zu den Chakren?

FRAGE: Du hast gesagt, die Chakren sind in der jetzigen vierten Dimension an anderen Stellen der Erde als in der kommenden fünften. Bis wann werden diese Chakren manifestiert?

SANANDA: Bis zum Jahre 2008.

FRAGE: Wir wissen bereits, wo die neuen Chakren sein werden. Die jetzigen Chakren sind doch aber noch aktiv. Lösen sich diese

Energien jetzt ab, gleiten sie ineinander über, oder arbeiten sie sozusagen Hand in Hand - oder wie kann man sich das vorstellen?

SANANDA: Im Moment schwingen sie sich aufeinander ein.

FRAGE: Hat das jetzt schon Auswirkungen auf die Erde - und wenn ja, welche? Das wären ja jetzt eigentlich 24 Chakren, die miteinander arbeiten, und das sind ja wundervolle Energien ...

SANANDA: Ja, das sind wundervolle Energien! Auch für die Erde! Denn wenn sie sich aufeinander einschwingen, entsteht auch eine Verbindung in der Erde.

FRAGE: Innerhalb der Erde also?

SANANDA: Ja, genau!

FRAGE: Und was bedeutet das für die Pflanzen, für die Tiere, für die Mineralien, für die Menschen?

SANANDA: Sie erhalten eine völlig neue Energie-Qualität.

FRAGE: War die Energie-Anhebung vom 8. November 2003 der Einstieg in dieses gemeinsame Schwingen?

SANANDA: Das war bereits vorher. An diesem Tag geschah eine deutlichere Verbindung.

ANTWORT: Also wurden die Chakren am 8. November sehr viel stärker miteinander verbunden ...

SANANDA: Ja.

FRAGE: Trägt das dazu bei, dass sich so viel mehr Menschen für den Weg des Lichts öffnen? Es fällt immer mehr auf - irgendwen trifft man immer und überall, der auf dieser „Wellenlänge" ist ...

SANANDA: Es ist nicht mehr aufzuhalten! Es ist nicht mehr aufzuhalten: Das Licht wird stärker und stärker, und die Menschen werden immer mehr ihr Herz spüren.

Das ist das Wichtige: dass die Menschen auf die Straße gehen und gemeinsam etwas Neues kreieren. Etwas Neues!

FRAGE: Was meinst du damit genau - auf die Straße gehen und etwas Neues kreieren?

SANANDA: Sie sollen sich treffen, sie sollen gemeinsam etwas tun! Sananda meint mit der „Straße" nicht eure irdische Straße. Den Weg miteinander manifestieren - das ist wichtig!

FRAGE: Viele Menschen haben zurzeit aber auch Angst ...

SANANDA: Diese Angst sollen sie hinter sich lassen!
Das Wichtige ist doch, dass sie mitgenommen werden - von euch, von den Menschen, die dieses Buch lesen.
Es geht doch nur darum, euch immer und immer wieder daran zu erinnern, dass der Weg des Herzens der längste und der kürzeste Weg ist.

FRAGE: Was heißt das - „der längste und der kürzeste Weg"?

SANANDA: Der Weg des Herzens hat keinen Anfang und kein Ende. Er ist immer da. Immer!

Und dieses Bewusstsein der Einheit ist das Bewusstsein des Herzens.

FRAGE: *Kann ich das so verstehen: Wenn ich in Liebe bin und begegne den Menschen in Liebe, dann springt automatisch meine Liebe zu ihnen über?*

SANANDA: Ja! Sie werden automatisch daran erinnert – sie erkennen automatisch etwas. Das ist wichtig.

FRAGE: *Du meinst damit, wenn ich mich immer wieder mit vielen Menschen treffe, dann verbreite ich damit intensiver und schneller die Liebe, den Weg des Lichts?*

SANANDA: Für euch alle und für die Erde. Und für jedes Lebewesen.

Die Angst wird natürlich immer mehr geschürt. Doch wenn du Angst hast, dann bist du nicht frei. Und je mehr Menschen die Ängste hinter sich lassen, umso freier wird die Erde, umso freier werdet ihr.

FRAGE: *Ich kann zurzeit mein Herz nicht spüren, weil ich in ständiger tiefer Erschöpfung lebe. Ich habe einfach ständig zu wenig Energie. Vielleicht geht es ja anderen Menschen auch so, dass sie irgendein Problem haben, dass sie blockiert sind. Kannst du mir dazu etwas sagen – sind das Fremd-Energien, oder ist das Angst, oder was ist das? Was soll ich tun?*

SANANDA: Nimm deine beiden Füße auf die Erde. Gebt mir einen Zettel und einen Stift. Ich zeichne euch ein Symbol auf, ein Kraft-Symbol, um eure Fuß-Chakren zu aktivieren.

Lakana-Symbol

Es liegt häufig an euren Fuß-Chakren, dass die Erde euch die Energien nicht gibt und die kosmische Energie nicht abfließen kann. Es ist ein Energie-Stau. Wenn du nicht genug Energie hättest, würdest du ja gar nicht leben können auf der Erde.

Ihr könnt euch dieses Symbol auf die Fuß-Chakren malen, ihr könnt euch mit euren Füßen auf dieses Symbol stellen, und ihr könnt es auf das Kronen-Chakra legen.

Lege dir dieses Symbol unter deine Füße. Es ist das Lakana-Symbol. Der Name bedeutet: „Das Bewusstsein der Liebe in allen Dimensionen". Schließe deine Augen und fühle hinein. Ihr könnt das nachher alle tun.

Was fühlst du?

ANTWORT: Es strahlt sehr viel Energie aus.

SANANDA: Nutzt es! Nutzt dieses Symbol. Kannst du es wahrnehmen, wie diese Energie durch deinen Körper fließt?

ANTWORT: Ja, sehr stark.

SANANDA: Fotokopiert es alle und nutzt es.

Wenn die Fuß-Chakren zu klein oder zu wenig geöffnet sind, dann fühlt ihr euch erschöpft. Die Energie fließt, sonst könntet ihr gar nicht existieren auf der Erde. In

euren Chakren fließt immer Energie – und doch gibt es
bei vielen Menschen gerade in dieser Zeit einen Energie-
Stau; auch im Solarplexus – dort sind bei euch Menschen
die meisten Verkrampfungen.

Doch nun wollen wir weitergehen in der Lehre über die
Erd-Chakren.

SANANDA: Das 6. Chakra sind die Hawaiianischen
Inseln. Es ist das Chakra der Intuition, das Chakra der
Liebe.

Das dritte Auge ist der Beginn einer neuen Dimension.
Wenn ihr über das dritte Auge etwas seht, etwas wahr-
nehmt, etwas erfahrt, dann ist das ein ganz großes
Geschenk. Je stärker eure Herzen geöffnet sind, umso
mehr öffnet sich auch das dritte Auge.

*FRAGE: Kann das der Grund sein, dass ich vor einigen Tagen
während eines Seminars immer wieder das Gefühl hatte, es
würde jemand an meinem dritten Auge arbeiten?*

SANANDA: Ja! Du hast es erfahren!

Dieses 6. Chakra ist zu 30 Prozent geöffnet. Ich gebe
euch wieder den Energie-Ball, damit ihr es spüren könnt,

damit ihr Kontakt bekommt zu dem Bewusstsein des 6. Erd-Chakras Hawaii (Sananda reicht uns die unsichtbare Kugel, wir nehmen sie der Reihe nach in die Hand).

Die Menschen, die dort leben, haben eine sehr ausgeprägte Intuition.

FRAGE: Warum ist dieses Chakra bis jetzt erst zu 30 Prozent aktiviert?

SANANDA: Zum Schutz der Menschen, die dort leben, und zum Schutz der Erde.

FRAGE: Du sagst, zum Schutz - es müssen doch wohl nicht Menschen und Erde vor Intuition geschützt werden?!

SANANDA: Nein, natürlich nicht. Doch wenn die Chakren alle zu 100 Prozent geöffnet wären, würde alles explodieren.

Die Erde ist, so wie eure Chakren auch, ebenfalls in der Entwicklung und bereitet sich vor, jetzt in eine neue Dimension zu gehen. Und wenn man eure Chakren von null auf hundert vertikalisieren würde, dann würdet ihr verbrennen! Eure Organe würden verbrennen! Und so ist es auch mit der Erde. Würde alles sofort geöffnet, dann würde jeder Vulkan wieder ausbrechen.

Erst in der fünften Dimension sind alle Chakren zu 100 Prozent geöffnet. Das geschieht im Jahre 2008.

FRAGE: Aber einige Chakren sind doch bereits viel weiter offen, Peru sogar bis 75 Prozent. Es muss doch einen Grund geben dafür, dass dieses Chakra erst zu 30 Prozent geöffnet ist?

SANANDA: Das Chakra der Intuition ist das Chakra der Freude, denn Intuition ist Freude, Intuition ist Liebe, Intuition ist Vertrauen. Es ist wichtig, dass die Erde wieder Vertrauen fasst in euch.

FRAGE: Es ist wichtig, dass die Erde wieder Vertrauen in uns fasst, in uns Menschen? Wir haben also die Erde so sehr enttäuscht, dass sie ...

SANANDA: Ihr habt sie zerstört, nicht enttäuscht!

ANTWORT: Wir haben ihr so viel angetan - durch die Atomversuche, durch die gewaltsamen Eingriffe in die Natur ...

SANANDA: Ja.

FRAGE: Wieso ist die Erde zerstört? Sie lebt doch noch. Wir leben doch auf ihr.

SANANDA: Sie lebt noch, ja - sie lebt aus Liebe zu sich, und sie lebt aus Liebe zu allen Lebewesen.

Es wird so viel zerstört bei euch auf der Erde durch die unterirdischen Atomtests, bei Kriegen - ja, selbst bei jedem Hausbau wird ein Stück Erde zerstört.

Darum geht es: Die Erde ist ein Lebewesen, genauso wie ihr.

FRAGE: Du sagst, die Erde wird bei jedem Hausbau zerstört - ja, und wo sollen wir wohnen?

SANANDA: Es gibt inzwischen genug Häuser bei euch, es gibt genug Straßen. Ihr kommt überallhin - wohin ihr wollt.

ANTWORT: Stimmt, man braucht sich ja nur die vielen leer stehenden Häuser und Wohnungen anzuschauen ...

SANANDA: Rottet die Erde nicht mehr aus. Niemals mehr. Deshalb ist das 6. Chakra nur zu 30 Prozent geöffnet: Die Erde braucht wieder Vertrauen zu euch. Sie braucht wieder Heilung von all diesen Zerstörungen, die durch euch Menschen geschehen sind.

FRAGE: Es könnten doch trotzdem mehr sein - du sagtest ja, die Schwingungen der Erde sind auch die Schwingungen in uns, und eigentlich bräuchten wir doch sehr viel mehr Intuition, viel mehr Liebe? Braucht dieser Prozess mehr Zeit und geht deshalb etwas langsamer?

SANANDA: Natürlich steigt die Energie der Erde weiter an und damit auch bei euch Menschen. Doch wenn ihr diese ganzen Energien von jetzt auf gleich spüren würdet um euch herum - all diese Gedanken wahrnehmen und alles sehen würdet -, das wäre zu viel! Deshalb werdet ihr langsam darauf eingestellt.

FRAGE: Das heißt, wenn unsere Intuition höher ist, dann ist unsere Wahrnehmung auch höher, dann spüren wir sehr viel mehr, was die Menschen um uns herum empfinden, was sie denken und fühlen - und somit auch, was die Erde empfindet und fühlt?

SANANDA: Ja.

ANTWORT: Es geht mir ja jetzt schon so, dass ich die Schmerzen und Sorgen anderer Menschen deutlich spüre ... Ich habe zum Beispiel bei einer Übung mit Erzengel Michael während eines privaten Channelings die Zerstörungen der Erde wahrgenommen. Es war schlimm - ich hatte akute Schmerzanfälle in den Armen, in den Schultern, im Kopf. Ich konnte mich kaum mehr bewegen. Wenn ich das jetzt noch stärker fühlen könnte, dann wäre ich restlos überfordert.

SANANDA: Ja! Und deshalb ist dieses Chakra erst zu 30 Prozent geöffnet. Oder auch schon zu 30 Prozent ... je nachdem, wie ihr das seht ...

ANTWORT: Erzengel Michael sagte mir damals, jeder Architekt, jeder Baggerfahrer, jeder, der an Sprengungen oder an anderen Ausbeutungen der Erde beteiligt oder dafür verantwortlich ist, müsste diese Schmerzen in seinem Körper spüren ... Und er sagte mir, ich solle meine Erfahrung in diesem Buch schildern. Wenn ich mir vorstelle, was ich jetzt, bei diesen 30 Prozent, schon gespürt habe ... Wären das 100 Prozent, das könnte ich wirklich nicht aushalten.

SANANDA: Es ist ein Schutz. Für euch und für die Erde.

FRAGE: Das Chakra der jetzigen vierten Dimension ist doch auch noch geöffnet? Wo ist das?

SANANDA: Wir geben euch die Chakren der fünften Dimension. Alles andere würde euch nur verwirren.

FRAGE: Viele Menschen machen ja zurzeit den LichtkörperProzess. Dabei werden die Chakren vertikalisiert. Wie ist das mit den Chakren der Erde? Geschieht da ebenfalls ein solcher Prozess – und wenn ja, durch wen? Durch die Engel? Und werden diese Chakren ebenfalls vertikalisiert?

SANANDA: Die Chakren der Erde sind immer schon vertikalisiert. Im Jahre 2008 werden auch die Chakren der fünften Dimension in dieser Vertikalisation sein.

FRAGE: ... und ganz geöffnet, wie du sagst?

SANANDA: Und ganz geöffnet.

FRAGE: Ihr aus der geistigen Welt habt immer wieder gesagt: „Es bleibt nicht viel Zeit." Worauf bezieht sich das?

SANANDA: „Es bleibt nicht mehr viel Zeit" bedeutet, dass es nicht klar war, ob die Menschen es schaffen ...

FRAGE: Vor einiger Zeit war es nicht klar, aber jetzt ist es klar? Wir schaffen es?

SANANDA: Seit dem 8. November 2003 ist es klar.

FRAGE: War es das nicht schon 1986, nach Tschernobyl? Damals blieb doch die Erde erhalten?

SANANDA: Ja, und doch gab es viele Momente, viele Situationen, wo es hätte kippen können - nach Tschernobyl, nach 1986.

Es war klar, dass die Erde es schafft, aber es war nicht klar, ob die Menschen es schaffen!

Seit dem 8. November 2003 ist klar, dass ihr Menschen es schaffen werdet, mit der Erde zusammen in eine neue Dimension zu gehen.

FRAGE: Jetzt wurde doch aber die Zeit vorgezogen, denn ursprünglich war der Sprung in die neue Dimension doch für das Jahr 2012 geplant - das heißt, wir haben vier Jahre weniger zur Vorbereitung. Was bedeutet das?

SANANDA: Wer sagt dir, dass es vier Jahre weniger sind?! Es sind nicht vier Jahre weniger. Ihr wisst doch schon immer, dass die irdische Berechnung eures Kalenders sich verschoben hat um vier Jahre.

FRAGE: Was?! Wieso das?!

SANANDA: Schon immer. Die Zeitrechnung eures Kalenders hat sich verschoben um vier Jahre!

FRAGE: Das heißt, das Jahr Christi Geburt war nicht richtig datiert? Wir befinden uns jetzt also nicht im Jahr 2003 sondern 2007?!

SANANDA: Ja. Und das sind die vier Jahre ...

FRAGE: Als die Mayas von 2012 gesprochen haben, da war dieser Fehler in der Zeitrechnung ja noch nicht drin - die sind also von dieser realen Zeitspanne ausgegangen. Und als der christliche Kalender, der gregorianische Kalender, eingeführt wurde, da gingen die etwas großzügiger mit der Zeitrechnung um?

SANANDA: Ja.

ANTWORT: Uns wurde immer 2012 gesagt, aber die geistige Welt wusste ja, dass es etwas schneller gehen wird mit dem Aufstieg in die neue Dimension ...

SANANDA: Wir wollten euch nicht verwirren. Doch jetzt ist die richtige Energie, um euch dieses Wissen zu vermitteln.

FRAGE: War dieser Fehler in der Zeitrechnung ein Versehen – oder hatte das bestimmte Gründe?

SANANDA: Es hat immer alles Gründe bei euch auf der Erde ...!

FRAGE: Dürfen wir erfahren, welche Gründe das waren?

SANANDA: Genau wegen dieses Datums, wegen 2012 – damit nicht so viele Menschen in das Bewusstsein kommen...! Damit nicht so viele Menschen ihr Herz öffnen! Aber auch das bricht alles zusammen. Und deshalb: 2008!

Nun gebe ich euch das 7. Chakra, die Bahamas (Sananda übergibt uns auch diese Energie in Form einer Kugel).

Es ist eine weiße Kugel.

FRAGE: Warum sagst du das – bei den anderen Chakren hast du uns die Farben ja nicht genannt? Ist das jetzt besonders wichtig?

SANANDA: Es ist besonders wichtig, ja. Spürt sie - wartet es ab!

Es ist eine weiße Flüssigkeit, die sich da in eurer Hand zu einer Kugel formt.

FRAGE: Aber sie bleibt in dieser Kugelform. Kann sie eventuell auch größer werden?

SANANDA: Ja!

REAKTION: Im ersten Moment hat sie sich kühl angefühlt - aber jetzt geht's los mit der Energie! Und wie!

SANANDA: Halte deine Hand - warte, warte - öffne sie - und du dich auch (Sananda „verteilt" die Flüssigkeit, die flüssige Kugel, an uns alle).

Jetzt habt ihr alle sie in euren Händen, in beiden Händen - diese Kugel des 7. Chakras, die Bahamas ...

Es ist der Eintritt in das Innere der Erde.

FRAGE: Der Eintritt in das Erd-Innere?

SANANDA: Ja ... Es gibt Leben in der Erde!

REAKTION: Ohhh - ich halte diese Energie fast nicht mehr aus! Ist das stark! Ich muss sie dir zurückgeben! Wie viel Prozent sind denn das?!

SANANDA: 95 Prozent.

Es ist ein Dimensions-Tor! Warum verschwinden denn so viele Schiffe bei den Bahama-Bänken, im Bermuda-Dreieck, wie ihr es nennt ...

FRAGE: *Dann stimmt es also doch, was viele Menschen schon behauptet haben ... Du hast gesagt, dieses Chakra wird ab 2008 aktiv mit seiner gesamten Energie; aber diese Geschichten über das Verschwinden von Schiffen im Bermuda-Dreieck gibt es doch schon seit Jahrhunderten. Ist dort bereits ein Chakra aus der vierten Dimension aktiv?*

SANANDA: Dort ist schon immer ein Tor. Deshalb ist dieses neue Chakra bereits zu 95 Prozent offen.

FRAGE: *Heißt das, das 7. Erd-Chakra wird nicht verlagert, sondern bleibt an dieser Stelle?*

SANANDA: Doch, es wird verlagert. Hier geht es nur darum, dass an dieser Stelle der Erde schon immer ein Dimensions-Tor war - schon immer.

Dort ist eine Öffnung. Von dort geht es hinein in das Innere der Erde.

FRAGE: *Und was finden wir dort?*

SANANDA: Es gibt Wesen in der Erde. Es sind die Erd-Innenbewohner. Und es gibt eine Sonne in der Erde!

FRAGE: *Eine Sonne - in der Erde?!*

SANANDA: Ja! Sananda gibt euch heute eine Meditation, wie ihr mit diesen Bewohnern im Innern der Erde Kontakt aufnehmen könnt.

Sie helfen euch. Sie bringen euch sehr viel Heil-Energie, weil sie schon in einer anderen Schwingungsebene sind.

FRAGE: Woher kommen diese Erd-Innenbewohner? Aus Lemuria, vom Sirius?

SANANDA: Nein. Sie haben andere Herkunftsländer. Sie kommen von den fünf Seelenländern, die noch nicht geöffnet sind für die äußere Erde. Doch sie leben in der inneren Erde.

FRAGE: Leben diese Wesen überall verteilt - also auch an meinem Wohnort, weil ich auch schon geglaubt habe, sie dort zu spüren?

SANANDA: Ja. Und unter diesem Haus hier in Manubach gibt es eine Stadt.

FRAGE: Wie kann ich mir eine solche Stadt vorstellen? Sind das alles Kristalle?

SANANDA: Es sind Kristalle, Amethyste, und es gibt auch richtige Häuser.

FRAGE: Energetische Häuser?

SANANDA: Auch materielle Häuser!

FRAGE: Leben sie von der Energie?

SANANDA: Ja.

FRAGE: Haben sie einen materiellen Körper?

SANANDA: Sie können einen solchen Körper haben, doch sie brauchen ihn nicht.

FRAGE: Ist es möglich, dass wir mit ihnen Kontakt aufnehmen können? Werden sie dann materiell zu uns kommen?

SANANDA: Richtet eure Körper auf. Achtet darauf, dass ihr mit euren Fuß-Chakren fest auf der Erde bleibt. Breitet eure Arme aus zur Seite – in Brusthöhe, in Hüfthöhe, wie ihr das wollt. Lasst die Handflächen offen.

Und nun: Nehmt Kontakt auf mit den Bewohnern des Inneren der Erde.

Es kann kribbeln, es kann Berührung stattfinden – so dass ihr fühlt, eure Hände werden gestreichelt, oder es kann ein Druck entstehen in euren Hand-Chakren ...

FRAGE: Sananda, du kannst das doch sehen, wir aber nicht, deshalb beschreibe doch einmal bei jedem von uns, was du da siehst – zum Beispiel bei mir! Wo sind diese Erd-Innenbewohner bei mir? Ich spüre etwas an der Hand ...

SANANDA: Sie sind bei deiner Hand! Spreize deine Finger, so können sie jetzt hineingreifen in deine Hände.

REAKTION: Also mir die Hand geben ... Jetzt ist die Energie noch viel stärker als vorhin! Sehr stark!

SANANDA: Was spürst du noch? Was spürst du in deinem Körper?

REAKTION: Sehr starke Energien. Überall Kribbeln!

SANANDA: Wie wundervoll! Ja – das sind die Erd-Innenbewohner! Und sie wollen euch helfen, ihr könnt sie mit zu allen Heilungen einsetzen: zu eurer Heilung, zur Heilung anderer Menschen, zur Heilung von Kraftplätzen!

Und was spürst du?

REAKTION: Sehr viel Energie.

SANANDA: Spreize du auch deine Finger. Spreizt alle eure Finger!

REAKTION: Das ist gewaltig ...!

SANANDA: Das ist die Erde!

FRAGE: Geben diese Wesen uns auch ihre Energien?

SANANDA: Sie geben euch viele Energien, denn sie sind ja in einer ganz anderen Dimension: Sie sind bereits in der zehnten Dimension!

FRAGE: Und das heißt, sie können uns bei unserem Dimensionswechsel auf der Erde unterstützen?

SANANDA: Ja! Das werden sie tun, wenn ihr sie darum bittet! Immer!

FRAGE: Sie sind also als unsere Helfer auf die Erde gekommen?

SANANDA: In die Erde sind sie gekommen! In den Planeten Erde!

FRAGE: Wie groß sind sie eigentlich?

SANANDA: Von der Energie her drei Meter größer als ihr ...!

FRAGE: Es sind also Lichtwesen?

SANANDA: Ja – und wenn sie einen materiellen Körper annehmen, dann sind sie ebenfalls sehr, sehr groß.
Sag mir, was fühlst du?

ANTWORT: Totale positive Kraft ...

SANANDA: Und was fühlst du?

ANTWORT: Meine Handflächen prickeln und pulsieren – das ist fast wie ein Freudenfeuer! Mein Solarplexus wird ganz groß, ganz hell, ganz weit – es ist so wunderschön!

SANANDA: Ja! Ihr könnt immer, wann immer ihr wollt, Kontakt aufnehmen mit den Bewohnern des Erdinnern.

FRAGE: Wenn wir Energie brauchen, wenn wir erschöpft sind, dann helfen sie uns?

SANANDA: Ja! Sie helfen euch in jeder Situation, immer, wenn ihr sie darum bittet.

FRAGE: Nehmen diese Wesen auch manchmal die Gestalten von Trollen oder Gnomen oder Elfen an, so wie in Island oder Irland?

SANANDA: Nein. Das ist wieder eine andere Gruppe von Wesen.

FRAGE: Schützen diese Wesen das Innere der Erde?

SANANDA: Ja!

FRAGE: Helfen sie mit, dass diese Zerstörungen, die die Menschen der Erde antun, nicht ganz diese ungeheuren und gravierenden Ausmaße annehmen ...?

SANANDA: Auch diese Wesen können dematerialisieren. Doch auch sie steigen ab in diesen Tagen, wenn unterirdische Atomtests stattfinden. Dann gehen sie zurück in der Dimension, damit sie es überhaupt aushalten können, was da passiert mit der Erde, in der Erde und energetisch.

FRAGE: In welche Dimension gehen sie dann - denn du sagst ja, sie sind in der zehnten?

SANANDA: Sie gehen zurück in die sechste Dimension. Und dann, nach drei Tagen, gehen sie wieder hoch. Was für eine Qual!

FRAGE: Was hat es mit diesen drei Tagen auf sich?

SANANDA: Sie können nur drei Tage in dieser anderen, dieser niedrigeren Dimension bleiben, weil sich sonst ihr Körper an diese Energie gewöhnen würde.

FRAGE: Ihre Schwingungen würden niedriger?

SANANDA: Ja.

FRAGE: Kann es uns eigentlich passieren, dass wir von unserer jetzigen Dimension, der vierten, in eine niedrigere Dimension „abrutschen" - egal, was wir tun?

SANANDA: Nein, das kann euch nicht geschehen. Was fühlt ihr jetzt?

ANTWORT: Dankbarkeit. Man fühlt sich aufgenommen. Stärke, Kraft. Es ist eine sehr wohltuende Energie.

ANTWORT: Es ist sehr viel Freude in diesen Wesen, habe ich den Eindruck.

SANANDA: Ja, sie haben die Freude! Sie sind voller Freude, dass sie euch endlich bewusst helfen können - dass dieses Wissen endlich in die Welt geht, dass sie beitragen können zur Heilung eurer Körper und zur Heilung der Erde!

FRAGE: Dürfen wir sie auch bitten, bestimmte Blockaden in uns zu lösen?

SANANDA: Ja! Tut das! Ihr dürft sie auch bitten, euch bei irgendwelchen Aktionen behilflich zu sein!

ANTWORT: Das ist gut zu wissen! Dann können wir also die geistige Welt ein bisschen entlasten, indem wir die Unterwelt rufen ...

SANANDA: Die Erd-Innenbewohner! Nicht die Unterwelt - das ist ein großer, großer Unterschied!

FRAGE: Wie viele Wesen gibt es denn ungefähr in der Erde?

SANANDA: Das können wir in Zahlen nicht ausdrücken.

FRAGE: Wenn ich sie jetzt bitte zu kommen - wie lange bleiben sie dann bei mir?

SANANDA: Wenn der Auftrag ausgeführt ist, gehen sie wieder.

ANTWORT: Das ist ja dann sicher zu spüren, weil die Energie weniger wird.

SANANDA: So wie jetzt auch - ja.

FRAGE: Stimmt, sie lässt allmählich nach. Sind das eigentlich auch Wesen mit verschiedenen Geschlechtern, also Männer und Frauen?

SANANDA: Ja. Nur mit ganz anderer Qualität: Sie haben ein völlig anderes Bewusstsein zur Sexualität, ein völlig anderes Bewusstsein zur Liebe ...

Und ihr könnt diese Qualität einsetzen, indem ihr diese Wesen um Hilfe bittet!
Nutzt diese Qualität!

FRAGE: Auch zum Wohle der Erde? Auch zum Wohle der Politik?

SANANDA: Zu allem!

Ihr könnt mich - Sananda - einsetzen, und wenn ihr auch noch die Erd-Innenbewohner dazu einsetzt, dann wird diese Energie noch sehr viel stärker, wie ihr es ja gerade gespürt habt.

FRAGE: Sollen wir immer in dieser Körperhaltung sein, wenn wir sie um Hilfe bitten?

SANANDA: Ja, oder auch im Stehen. Aber nicht im Liegen - das ist ganz wichtig! Nicht im Liegen!

FRAGE: Warum nicht?

SANANDA: Weil du im Liegen eine ganz andere Dimension hast. Die Erd-Innenbewohner können ganz anders mit dir arbeiten, wenn du direkten Kontakt mit ihnen hast über die Fuß-Chakren.

FRAGE: Wenn ich aber für jemanden um Hilfe bitte, der krank ist und liegen muss - der Patient kann doch liegen, Hauptsache, ich habe mit den Füßen Kontakt zur Erde?

SANANDA: Ja. Wichtig ist, dass du stehst oder sitzt, wenn du den Kontakt mit diesen Wesen aufnimmst.

FRAGE: Müssen wir denn jeweils vor Ort sein, oder genügt es, wenn wir die Wesen bitten, ihre Heil-Energie zu diesen Kranken zu schicken?

SANANDA: Ihr müsst nicht dort bei dieser Person sein, es geht auch so. Das ist möglich!

Wichtig ist jedoch, dass ihr wisst, dass es sehr starke Kräfte sind, die dann wirken. Deshalb nehmt diesen Kontakt nicht „einfach so" auf - tut es sehr bewusst, tut es sehr verantwortlich.

ANTWORT: *Dann sollten wir uns auch vorbereiten - in die Stille gehen, uns wirklich darauf einstellen, in die Liebe gehen ...*

SANANDA: Ja! Tut das.

Und hier ist das 8. Chakra. Es ist Brasilien.

Es ist das Chakra der Dankbarkeit, der Transformation von Ur-Ängsten und des Mutes.

Es ist sehr wichtig, dass dieses Land Brasilien eine neue Energie erfährt. Dass diese alte, angstbesetzte Energie hinübergeht in den Mut, etwas Neues zu kreieren, etwas Neues zu erschaffen.

FRAGE: *Woher kommt diese Angst, die in diesem Land herrscht?*

SANANDA: Die materielle Energie ist nicht im Fluss. Es sind sehr viele und starke Mächte der Manipulation dort.

FRAGE: *Ist das deshalb, weil viele Menschen in diesem Land auch mit dunkler Magie arbeiten? Der Katholizismus ist dort ebenfalls sehr stark verbreitet, und da wird ja sehr viel Macht ausgeübt.*

SANANDA: Ja! Und dadurch können die Menschen nicht frei sein. Somit ist auch der materielle Fluss gestört.

FRAGE: Deshalb dort die große Armut?

SANANDA: Ja. Doch es wird sich alles ändern!

FRAGE: Die Großgrundbesitzer werden ihre Macht verlieren?

SANANDA: Ja! Es wird jeder gleich angesehen!

FRAGE: Es wird immer wieder berichtet von den Augen der Kinder dort, von dieser Freude in diesen Augen. Haben sie unbewusst ein ganz tiefes Wissen?

SANANDA: Es ist diese Erd-Energie: Die Dankbarkeit strahlt aus den Augen! So ist es, ja!

Natürlich sind da auch viele Zweifel; es ist dort viel Missbrauch, auch sexueller Missbrauch. Es gibt dort nicht nur Dankbarkeit - es passiert vieles andere. Und deshalb ist es so wichtig, dass dort transformiert wird.

Dieses Chakra ist zu 45 Prozent geöffnet (Sananda reicht die ballförmige Energie des 8. Chakras herum).

REAKTION: Es fühlt sich lieblich an, finde ich.

SANANDA: Es ist ja auch eine neue Energie, die sich dort manifestieren wird.

FRAGE: Diese Energie gab es also bisher nicht?

SANANDA: Nicht in dieser Form.

FRAGE: Warum habe ich da so wenig gespürt - warum hat es so lange gedauert, bis ich überhaupt etwas gefühlt habe?

SANANDA: Was spürst du jetzt in deinen Händen?

ANTWORT: Auch wieder Dankbarkeit, aber es ist auch viel Traurigkeit mit dabei. Und es fühlte sich an, als wenn eine Lähmung mit drin wäre.

SANANDA: Die Unterdrückung ist dort sehr stark. Die weibliche Energie wird sehr stark unterdrückt, und somit auch das Lebensfeuer.

FRAGE: Und das ist die Traurigkeit, die ich spüre?

SANANDA: Ja.

FRAGE: Warum gibt es in diesem Land so viel mehr Frauen als Männer?

SANANDA: Um die weibliche Energie auf die Erde zu bringen.

Doch jetzt zum 9. Chakra. Es ist das Chakra der Einheit. Es ist in der Schweiz.

FRAGE: Warum gerade in der Schweiz? Weil es ein politisch neutrales Land ist oder weil dort besonders viele Energien sind? Oder beides?

SANANDA: Beides! Dort wird sehr viel Energie frei für die Erde. Und das bedeutet, diese Energie manifestiert sich dort, in der Schweiz, für euch Menschen.

Die Einheit bedeutet, viel Liebe, das Vertrauen, das Licht und auch die Materie zu manifestieren.
Denn auch Materie ist Liebe.

FRAGE: Materie ist auch Liebe? Welche Form von Materie?

SANANDA: Geld ist Liebe! Dieser Stuhl, auf dem du sitzt, ist Liebe!

ANTWORT: Jetzt stelle ich mir gerade den Leser vor, der liest, der Stuhl, auf dem du sitzt, ist Liebe. Der wird in dem Moment ein bisschen stutzen ...! Das sollten wir ein bisschen näher erläutern!

SANANDA: Alles hat ein Energiefeld: Dein Körper hat ein Energiefeld, dieser Stuhl, deine Brille - alles hat ein Energiefeld. Und du kannst dieses Energiefeld mit Liebe aufladen, du kannst es erhellen, du kannst es erhöhen. Du kannst es aber auch mit deiner Gedankenkraft herabsetzen in der Energie. Wenn du zu deiner Brille sagst: „Doofe Brille", wirst du längst nicht so gut durchsehen können, als wenn du sagst: „Meine wundervolle Brille." Wenn du sagst: „Doofer Stuhl", kannst du längst nicht so gut darauf sitzen. Wenn du jedoch sagst: „Dieser Stuhl trägt mich und gibt mir den Raum zum Sitzen" - dann ist das Liebe.

Und so ist das gemeint: dass alles mit Liebe verändert werden kann, vor allem euer Bewusstsein.

ANTWORT: Sage uns doch bitte was zum Geld. Viele Leser werden Probleme haben mit der Formulierung „Geld ist Liebe". Entweder man hat es - dann braucht man sich keine Gedanken darum zu machen; die meisten finden, sie haben zu wenig, und machen sich sehr viele Gedanken darum. Aber Geld mit Liebe zu verbinden ist in unserer jetzigen Gesellschaft, in unserer jetzigen Zeit etwas schwierig.

SANANDA: Deshalb werden ja auch fast alle Banken zusammenbrechen! Weil sie diese Liebe nicht akzeptieren! Das Wichtige ist, dass ihr alle ein neues System erkennt. Geld ist Liebe!
Und aus diesem Bewusstsein heraus könnt ihr mit diesem Geld etwas ganz Neues kreieren.

ANTWORT: Gib uns doch bitte mal ein ganz konkretes Beispiel, denn Geld ist ein Thema, das die Menschen wirklich sehr bewegt. Da sollten wir doch ein bisschen mehr Hilfestellung geben.

SANANDA: Ihr alle habt die Liebe in euren Zellen. Ihr alle habt die Liebe in euren Herzen.

Ihr seid aus Liebe zur Erde gekommen. Allen Menschen, allen Lebewesen steht die Fülle zu. Ihr habt ein Recht darauf!

Nicht Schuld und Schuld und Schuld - das Herz sieht alle Menschen als gleich an. Alle!

Und wenn ihr euch etwas kreiert - wenn ihr euch Geld kreiert, dann könnt ihr es in Liebe annehmen. Denn diese Liebe wird über das Geld wieder in die Welt gehen.

FRAGE: Das heißt also, Geld ist Fülle, die uns zusteht, die wichtig ist für uns ...?

SANANDA: Ja! Ihr braucht sie nicht abzulehnen!

FRAGE: Geld ist wichtig für den Energieaustausch?

SANANDA: Geld ist Energie, und Geld ist Liebe. Und wenn Geld in eurem Bewusstsein wieder mit Liebe verbunden wird, hat diese Energie eine völlig andere Wertigkeit.

FRAGE: Das heißt konkret, wir sollen uns freuen am Geld ...?

SANANDA: ... ja, erfreut euch daran, dass es immer wieder zu euch kommt, dass es im Fluss ist!

FRAGE: ... und wir sollen das Geld auch mit Freude ausgeben ...?

SANANDA: ... weitergeben - nicht ausgeben! Weitergeben!

ANTWORT: Ich bin ja eigentlich so programmiert: Geld ist Schuld... Und Geld auszugeben oder weiterzugeben wird mit Leichtsinn gleichgesetzt, dass man nicht damit umgehen kann.

SANANDA: Ja! Vergesst das! Es gibt eigentlich diesen Unterschied gar nicht zwischen Reich und Arm.

FRAGE: *Jetzt mal wieder zur Realität: Ich habe gerade heute in einem Artikel gelesen, dass der Boss eines großen Konzerns zig Millionen im Jahr verdient. Andere schuften ihr Leben lang für einen minimalen Bruchteil dieses Geldes. Das vor Augen, werden die Leser wenig anfangen können mit der Aussage: „Geld ist Liebe" - sie werden vielleicht genauso emotional reagieren wie ich und das ungerecht finden. Und ich gebe es zu: Bei mir war auch ein Stich Neid dabei. Wie kann man diese Konditionierung umpolen, wie können wir zur Fülle kommen?*

SANANDA: Indem ihr euer Herz öffnet für das Geld. Erkennt, dass das Geld in einem stetigen Fluss sein darf.

FRAGE: *Heißt das, nichts anhäufen oder festlegen in Aktien, Wertpapieren oder Sparkonten, sondern darauf achten, dass es ständig fließt?*

SANANDA: Das ist viel besser!

FRAGE: *Mir kommen eben die Worte: „Ich öffne mein Herz und nehme das Geld in Liebe an, um es in Liebe weiterzugeben." Wären diese Worte für die Menschen als Bitte und als Öffnung vorstellbar?*

SANANDA: Ja. Und es ist wichtig, alles Geld, das ihr in euren Händen haltet, zu segnen - immer! So wird das Geld zu Lichtgeld. Alles Geld segnen, das durch eure Hände fließt. Es geht doch um das Gefühl! Ihr meint noch, ihr seid es nicht wert, Materie zu bekommen! Ihr glaubt noch, ihr seid es nicht wert, die Fülle anzunehmen!

ANTWORT: Ja, das stimmt.

SANANDA: Fülle ist Liebe! Materie ist Liebe! Und wenn ihr euer Bewusstsein dafür ändert, wird auch ein ganz anderer Geldfluss zu euch kommen.

Und das ist wichtig: dass niemand sich klein hält und klein fühlt! Dann gibt es auch nicht diesen Unterschied zwischen Arm und Reich. Denn dein Bewusstsein kann viel höher sein als alles Geld der Welt.

Es hat niemand den Mut, arm zu sein. Jeder hat den Mut, reich zu sein. Betrachte dieses Wort „Armut" – „Ar-mut – Mut zur Armut".

FRAGE: Kann ich das so verstehen: Auch wenn ich mengenmä-ßig nicht so viel Geld habe wie ein Millionär, so kann es doch für mich, für meine Verhältnisse, sehr viel sein – der Millionär kann sein vieles Geld wahrscheinlich gar nicht in der Weise schätzen wie ich mein verhältnismäßig weniges Geld. Es geht also um die Wertigkeit?

SANANDA: Ja! Darum geht es! Wenn ihr euch wirklich genau anschaut, was ihr habt um euch herum, wie ihr leben könnt ...

Darum geht es doch: um das Danke, um die Demut, um die Wertschätzung – um die Dankbarkeit für das, was Gott euch schenkt!

Ist das jetzt genug Wissen für die Leser?

ANTWORT: Ja, Sananda, vielen Dank, das war sehr, sehr wichtig. Das sind Dinge, die müssen den Menschen wirklich ganz konkret gesagt und plausibel gemacht werden. Viele scheuen sich, direkt so zu denken und so zu empfinden. Geld hat einen fast negativen Stellenwert bei uns.

SANANDA: Geld ist keine Kontrolle. Geld ist Liebe. Natürlich werdet ihr die Fülle kreieren können - wenn ihr es euch wert seid!

ANTWORT: Also ich habe festgestellt, seit sich meine Beziehung zum Geld stark entkrampft hat, seit ich einen anderen Bezug dazu habe - seit ich mich richtig freue, es zu haben, und mich ebenso freue, wenn ich es weitergeben kann -, seitdem bleibt mein Konto stabil! Ich denke manchmal, die haben sich verrechnet ...

SANANDA: Weil du dein Herz dafür geöffnet hast, ist es im Fluss! Du gibst jemandem etwas -, du bekommst wieder etwas zurück - und alles geschieht in Freude und in Liebe ... Das ist wichtig!

ANTWORT: Ja, und Dankbarkeit auch, finde ich - Dankbarkeit darüber, dass es möglich ist, dieses Geben und Nehmen zu kreieren.

SANANDA: Dann wird es diese Energie „Arm - Reich" gar nicht mehr geben. Alles erhält einen anderen Stellenwert in euch.

FRAGE: Nochmal zu den Banken: Du hast gesagt, alle, die nicht in Liebe sind, werden zusammenbrechen. Es steht uns also ein Bankensterben bevor. Jetzt rattert es wieder im Kopf: Alle haben ein Konto auf der Bank, denn das ist ja Pflicht in unserem Land, so kann man uns besser kontrollieren ... Jetzt liest der Leser, was du sagst, und schon hat er Angst um sein Gehalt ...

SANANDA: Es geht doch darum, dass sie die Liebe missbrauchen. Und wenn es keine Veränderung gibt in diesem System, wird vieles nicht mehr funktionieren! So ist das!

FRAGE: Gibt es Banken, die verantwortungsbewusst und ökonomisch mit den Geldern der Kunden umgehen und nur in ökologische - oder auch lichtvolle - Projekte investieren?

SANANDA: Ja, es gibt solche Banken. Sie unterstützen nur ökologische, menschenrechtliche und spirituelle Projekte. Solches Geld wird zu Licht.

Das ist das Wissen für euch
für heute aus dem Jetzt.

Die Chakren der Erde

Die Schweiz, Thailand, Nepal/Tibet, Indien und
der Übergang in die fünfte Dimension

Botschaft vom 7. Januar 2004

Meine Geliebten! Wie wundervoll, euch wieder zu treffen! Das Bewusstsein von Sananda ist mit euch und grüßt euer Herz.

Das Wichtige ist, dass ihr immer mehr - immer mehr! - die Klarheit in eurem Herzen erkennt und immer mehr die Freude in ihm. Das lachende Herz leben ...

Wo zwei oder drei in meinem Namen versammelt sind, da bin ich mitten unter ihnen.

Das bedeutet: Wenn Menschen sich treffen und sich im Herzen begegnen, dann leben sie meine Vision! Dann leben sie das neue Bewusstsein! Und überall auf der Erde treffen sich Menschen im Herzen und verändern die Erde dadurch, dass sie das Licht, das in ihrem Herzen leuchtet, ins Außen bringen und im Außen leben.

Denn Erleuchtung kann nur im Herzen stattfinden! Niemals im Verstand. Und das ist das Gesagte: Wo zwei oder drei mit einem erleuchteten Herzen zusammenkommen, dann leben sie diese Vision.

Warum seid ihr hier? Um euer Herz zu leben! Um euren Herzen Ausdruck zu verleihen! Um etwas Neues entstehen zu lassen!

Das ist die Erleuchtung eures Herzens, die wirklich nur im Herzen geschehen kann. Und dieses Buch, das wir hier entstehen lassen, hat einen ganz großen Anteil daran, dass die Menschen wirklich in ihr Herz kommen und die Erleuchtung im Herzen erfahren. Das ist Freiheit!

Durch die Erleuchtung des Herzens werden die Gedanken weniger und weniger.

Das alte Bild von Erleuchtung ist, dass sie im Kopf, in den Gedanken, stattfindet. Doch sie findet im Herzen statt. Es geht um das Herz! Es geht darum, euer Bewusstsein im Herzen zu leben! Das ist Erleuchtung.

Und ihr könnt das manifestieren - seid euch dessen immer bewusst! Und ich lebe in jedem von euch. In jedem! Ob ihr das wollt oder nicht - ich lebe in euch!

Viele Menschen sperren sich. Viele Menschen lassen es nicht zu, weil sie Angst davor haben. Doch der Weg - und das Tor – zur Erleuchtung ist für alle Lebewesen offen.

FRAGE: Du sagst, dass die Erleuchtung nicht in den Gedanken stattfindet, sondern im Herzen. Wenn wir diesen Weg gehen, heißt das, dass unsere Gedanken sich automatisch verändern?

SANANDA: Alles verändert sich – alles!

FRAGE: Meinst du damit, dass durch das Licht, das sich im Herzen manifestiert, die Stille kommt?

SANANDA: Ja – Stille und Liebe! All diese Selbstzweifel lösen sich auf. Klarheit ist da.

FRAGE: Man weiß also sehr viel schneller, was richtig und gut für einen ist? Man braucht nicht mehr erst andere fragen und darüber diskutieren, sondern weiß es sehr rasch ganz von selbst?

SANANDA: Ja!

FRAGE: Ist das dann die „wahre Intuition" für das, was von innen kommt, vom Herzen – denn das Wort Intuition bedeutet ja „pfeilartig aufschießen"?

SANANDA: Es ist das gelebte Herz, ja. Dazu könnt ihr auch Intuition sagen. Wenn ihr eurem Herzen Ausdruck verleiht und mit eurem Herzen in Kontakt geht, dann lebt ihr das Herz. Und das geschieht!

Nun wollen wir euch weiter einweihen in die Lehre der Erd-Chakren.

Das 9. Chakra ist das Chakra der Einheit. Es ist ein sehr intensives Chakra, und es ist ein sehr wichtiges Chakra. Es gleicht die Energien aus, und es ist sehr wichtig für den Frieden auf der Erde.

Hier das Chakra der Einheit (Sananda reicht uns den unsichtbaren „Kraft-Ball", um uns die Energien dieses Chakras spüren zu lassen).

REAKTION: Ich habe bei dieser Manifestation soeben sehr intensive Empfindungen gehabt ... Da war erst eine sehr, sehr tiefe Trauer; dann spürte ich großen Trost, sehr viel Heilung - und jetzt fühle ich große Freude.

SANANDA: Es ist wichtig, dieses Chakra! Es ist wichtig für den Frieden in euch und für den Frieden auf der Erde.

Dieses Chakra der Einheit ist auch ein Chakra der Transformation.

REAKTION: Für mich fühlt sich das etwas kühl an. Ganz wundervoll - aber etwas kühl ...

SANANDA: Es ist sehr klärend, dieses Chakra, und deshalb auch kühl.

ANTWORT: Kühle Klarheit ...

REAKTION: Für mich fühlt es sich ganz leicht an. Man spürt es im ganzen Körper. Ich empfinde es als wunderschönen Aquamarin. Für mich wechselt es ab zwischen brennender Kraft und Kühle, aber die Kraft ist stärker.

SANANDA: Es ist zu 95 Prozent aktiviert, und von diesem Land aus - von der Schweiz - geht sehr viel Friedensenergie über die Erde.

ANTWORT: Ich finde es auffällig, dass das gerade in der Schweiz ist: Dort gibt es vier Sprachen ...

SANANDA: Es ist die Einheit, ja! Es ist auch die Kraft der Berge, denn in den Bergen befinden sich sehr, sehr viele Kristalle. Diese Kristalle sind sehr mächtig für den Frieden, für die Einheit.

Von diesem Land aus wird sehr viel gesteuert: Dort fallen sehr viele politische Entscheidungen.

FRAGE: Für Europa oder für die ganze Welt?

SANANDA: Für Europa und für die ganze Welt.

FRAGE: Ist das schon immer so, oder gilt das jetzt, für diese neue Zeit, wo solche Entscheidungen ins Licht führen sollen?

SANANDA: Schon immer war die Schweiz sehr stark daran interessiert, den Frieden auf der Erde zu bewahren. Doch jetzt sind sie für noch viel mehr Entscheidungen zuständig.

ANTWORT: Man hört so wenig davon - eigentlich ist gar nichts bekannt über diese Arbeit ...

SANANDA: Sie arbeiten sehr im Stillen. Und sie nehmen sehr viele Politiker zu sich auf, um ihnen zu ermöglichen, zu leben.

FRAGE: Ich habe gerade das Bild der Schweiz vor mir und sehe einen riesigen, leuchtenden Bergkristall; kristallene Klarheit ... Ist es so, dass die Schweiz durch die hohe Energie der Kristalle, die dort sind, gar nicht anders kann, als politisch neutral zu bleiben?

SANANDA: Sie kann nicht anders, ja! Es ist auch das kosmische Gesetz – es ist das Land des 9. Chakras.

FRAGE: Dieses Chakra gilt doch aber erst für die fünfte Dimension, oder ist es bereits jetzt, in der vierten Dimension, schon da?

SANANDA: Nein. Aber die Menschen dort wissen davon.

FRAGE: Seit wann nehmen diese neuen Chakren Einfluss auf die Erde?

SANANDA: Seit 1987.

FRAGE: Ist das ein fließender Übergang oder ...?

SANANDA: Immer ein bisschen mehr! Deshalb sagt euch Sananda ja auch, zu wie viel Prozent sie bis jetzt geöffnet sind. Jetzt ist der Übergang.

ANTWORT: Diese Energie ist sehr stark und sehr klar.

SANANDA: Sehr klar, ja. Und das werdet ihr auch spüren, wenn ihr in diesem Land seid. Es ist eine ganz andere Energie um euch herum und in den Zellen.

FRAGE: Du sagst, dieses 9. Chakra, das Chakra der Einheit, ist jetzt zu 95 Prozent geöffnet. Dann dauert es ja nicht mehr lange, bis die 100 Prozent erreicht sind. Ist das dann das Signal für die Erde, wirklich die Einheit zu leben?

SANANDA: Ja!

FRAGE: Bis zum Jahre 2008?

SANANDA: Wenn alle Chakren vollständig geöffnet sind; und das wird zwischen den Jahren 2006 und 2008 geschehen.

Ihr könnt euch freuen darüber, dass ihr diese wundervollen Energien miterlebt, durch die alles ans Tageslicht kommt. Viele Bluffs und Manipulationen durch bestimmte Politiker und bestimmte Medien werden aufgedeckt. Ihr werdet zum Beispiel erfahren, dass Saddam Hussein nicht gefasst wurde im November 2003. Es ist ein Double, ein Schauspieler.

Es werden Signale gesetzt, die euch zur Besinnung bringen, um wirklich auf eure Intuition zu hören, auf euer Herz.

Es wird viele Veränderungen geben. Sehr viele. Aber ihr werdet wirklich spüren, dass die Menschen sich nicht mehr hinters Licht führen lassen.

Vertraut eurem Herzen!

FRAGE: Ich habe nochmal eine allgemeine Frage zu den Chakren. Ist es so, dass die Chakren der Menschen nicht unbedingt die gleiche Bedeutung haben wie die Erd-Chakren? Dass zum Beispiel das 9. Chakra der Menschen etwas anderes bedeutet als das der Erde?

SANANDA: Das Wichtige ist, dass alle Erd-Chakren auch in euch leben. Alle. Jedes Chakra hat ein Bewusstsein, ein Thema. Die Themen der Erd-Chakren und der menschlichen Chakren müssen jedoch nicht unbedingt übereinstimmen.

FRAGE: Heißt das, mein persönliches Thema zum Beispiel des 9. Chakras muss auch nicht unbedingt übereinstimmen mit dem persönlichen Thema des 9. Chakras eines Freundes?

SANANDA: Ja. Und auch nicht mit dem Thema des 9. Chakras der Erde.

Wie fühlt ihr euch nun mit all dem Wissen, das Sananda euch gegeben hat?

ANTWORTEN: Helligkeit, Klarheit - ganz kühle Klarheit, Freude, innere Ruhe, Ausgeglichenheit, Staunen ... Positive Verwirrung! Nochmal die Bestätigung: Höre auf dein Herz ...

SANANDA: Kommen wir nun zum 10. Chakra (Sananda übergibt uns die unsichtbare Energie-Kugel, damit wir sie reihum fühlen können).

Das 10. Chakra ist Thailand. Es ist zu 75 Prozent aktiviert. Es bedeutet Transformation und die Auflösung des Egos; die Liebe anzunehmen, die bedingungslose Liebe geschehen zu lassen und sie zu leben.

Ego ist nicht freier Wille. Ego ist Begrenzung, ist nicht gelebte Liebe. Es kämpft darum, geliebt zu werden.

ANTWORT: Dann sind aber noch sehr viele Herzen noch sehr blockiert - ich spüre eine ungeheuer starke Kraft von dieser Energie-Kugel ausgehen, obwohl ich sie noch gar nicht in den Händen habe.

SANANDA: Diese Kraft braucht es auch in dieser Welt, die ihr euch aufgebaut habt! Das ist das Ego: nicht gelebte Liebe - Angst vor der Liebe.

REAKTION: Ich spüre sehr viel Strenge, sehr viel Starrheit. Ja - als wenn alles erstarrt wäre. Es ist schwer, sehr schwer, voller Schmerzen. Es kommt mir vor wie ein ganz schwerer Lehmkloß, und ganz innendrin ist ein ganz helles Licht - das möchte sich so gerne befreien, kann es aber noch nicht.

REAKTION: Ich fühle jetzt etwas anderes als vorhin, als ich es noch nicht in der Hand hatte: Da war Härte, wie Beton, und jetzt fühlt es sich viel leichter, viel freier an ... Es wird viel Freiheit bringen!

SANANDA: Ja!
Und was habt ihr noch gefühlt?

REAKTION: Schönheit – sie fühlte sich greifbar an. Für mich sah es orange aus.

REAKTION: Für mich war es ebenfalls schön, ich hätte es am liebsten noch einige Zeit behalten!

SANANDA: Dann halte es bei dir!

FRAGE: Ist das, war wir jetzt empfinden, das, wie dieses Chakra sich anfühlt, oder das, was es bei uns bewirkt?

SANANDA: Es gibt keine Trennung. Wenn du dort bist, an diesem Platz in Thailand, wirst du auch dort die Erfahrung machen, wie die Erde sich anfühlt.

FRAGE: Wir fühlen also alle etwas anderes?

SANANDA: Das ist immer so. Es können hundert Menschen an einen Platz kommen, und alle fühlen anders.

FRAGE: Wir fühlen das, was bei jedem von uns individuell ausgeglichen werden soll?

SANANDA: Ja! Und das wird dir überall an diesen Plätzen passieren, an denen die Chakren manifestiert sind. Überall!
Ihr könnt mit dieser Übung, die wir euch in diesem Buch gegeben haben, auch über die Dimensions-Tore zu diesen Chakren reisen. Und dann wird genau dasselbe mit euren Körpern geschehen wie jetzt, da Sananda euch diese Energien der Chakren gegeben hat.

FRAGE: *Das heißt, wir können dann dort diese Bälle, also diese Energien der Erd-Chakren, ebenfalls fühlen?*

SANANDA: Ihr könnt sie wirklich fühlen - durch diese Dimensions-Tore, ja!

FRAGE: *Jetzt habe ich noch eine Frage zu der Größe der Erd-Chakren. Die Länder, in denen sie aktiviert werden, sind doch sehr unterschiedlich in ihren geographischen Dimensionen: Bali ist sehr klein, Brasilien dagegen sehr groß - sind diese Erd-Chakren ebenfalls unterschiedlich groß?*

SANANDA: Es gibt in diesen Ländern immer drei spezielle Punkte, an denen die Energie des jeweiligen Chakras sich am stärksten manifestiert. Das hat nichts zu tun mit den Ländergrenzen, mit den politischen Grenzen.

Wie fühlst du dich mit der Energie dieses Chakras, das du die ganze Zeit bei dir behalten hast?

REAKTION: *Ich finde es schön! Ich gebe es dir zurück ...*

SANANDA: Nein, behalte es! Behalte es weiter bei dir!

Habt ihr noch Fragen zum 10. Chakra?

FRAGE: *Ich bin jetzt in meiner persönlichen Entwicklung bei meiner 10. Seelenstufe angekommen. Was bedeutet das für mich - was ist der Bezug des Erd-Chakras zu meiner „neuen Wohnung", in der ich gerade angekommen bin?*

SANANDA: Das bedeutet Freiheit! Es bedeutet: Die größte Herausforderung ist das Leben - und dieses Leben in Freiheit zu leben! In dieser Dimension von Liebe kannst du in dieser 10. Seelenstufe wirklich deine Göttlichkeit manifestieren.

ANTWORT: Ich muss also nicht extra nach Thailand reisen ...?

SANANDA: Du darfst jederzeit mit deinem Körper dorthin reisen, aber du darfst das auch immer durch diese Dimensions-Tore tun!

Jetzt das 11. Chakra (Sananda gibt uns den „Kraft-Ball" in die Hände).

REAKTION: Es ist sehr groß. Wir spüren, dass diese „Energie-Kugel" sich sehr viel größer anfühlt als die vorherigen.

SANANDA: Es ist Nepal. Dieses Chakra ist zu 35 Prozent geöffnet. Es ist sehr eng verbunden mit dem Chakra der Einheit, dem 9. Chakra.

FRAGE: Und wofür steht das 11. Chakra?

SANANDA: Für die Angstauflösung auf allen Ebenen! Überlegt, was mit diesem Land gemacht wurde, mit Nepal, mit Tibet ...

FRAGE: Tibet ist auch dabei?

SANANDA: Ja. Es grenzt ja an Nepal - auch mit der Energie. Und von dort aus geht ebenfalls sehr viel Friedens- und Liebesenergie über die ganze Erde. Das hat auch mit den Schätzen zu tun, die dort in der Erde sind - die Kristalle, aber auch die vielen anderen Steine.

Dieses Land hat eine sehr große Kraft; es ist ein sehr wichtiges Energiefeld für die Erde. Und es strahlt auf Tibet aus, weil dort so viel zerstört wurde an Kultur, an Wissen - zerstört aus Macht, aus Angst vor dem großen Licht und aus Angst davor, dass andere Länder ihre Macht verlieren könnten.

FRAGE: Woher kommen diese Aversionen?

SANANDA: Wegen der Schätze dort! Die sind wertvoll für die ganze Erde! Nepal und Tibet können auf der ganzen Erde das Licht entfachen!

Dieses Wissen, das dort steckt in den Klöstern, bedeutet Licht für die ganze Erde! Davor haben viele Machtbesessene Angst.

FRAGE: Du meinst mit den Schätzen sowohl die geistigen als auch die irdischen ...?

SANANDA: Ja!
Überlegt euch diese Größe!

Was habt ihr gefühlt, als ihr die Energie in den Händen hattet, und was fühlt ihr jetzt?

REAKTION: Es ist ganz leicht. Ich empfinde es als sehr groß und sehr öffnend - es enthält alles, was man braucht. Es ist ein kleines Universum. Ich spüre die ganze Zeit schon Freiheit - Firmament - Weite ... Ich stehe auf dem Tableau einer grandiosen Bergwelt, um mich herum ist nur Freiheit ... Ich habe ganz intensive Freude gespürt - Freude und Angstfreiheit. Es sind ganz besonders große Energien. Für mich war es eine große goldene Wolke.

SANANDA: Wie wundervoll. Dieses Chakra ist ausgleichend, es ist bedingungslos.

Und ich sehe, es leuchtet in euren Herzen weiter.

Nehmt nun das 12. Chakra (wieder reicht uns Sananda einen unsichtbaren Ball aus kraftvoller Energie).

Es ist das Chakra, in dem sich alles vereint - das Christus-Bewusstsein, in dem sich alles manifestiert.Es ist Indien. Es ist auch das Bewusstsein der Stille, der Liebe, der Unendlichkeit. Es ist die höchste Energie, die ihr auf der Erde leben könnt.

Deshalb inkarnieren sich auch so viele große Meister in Indien. Sie wissen, dass dieses Land eine große Bedeutung haben wird in der kommenden Zeit.

FRAGE: Wie meinst du das genau mit dieser großen Bedeutung?

SANANDA: Dieses Land wird sehr mächtig werden – sehr mächtig in der Liebe.

FRAGE: Dort sind also sehr viele Menschen sehr viel weiter in ihrer spirituellen Entwicklung als wir in den westlichen Ländern?

SANANDA: Ja. Und das wird in allem und überall zu spüren sein.

FRAGE: Wie wird sich das auswirken?

SANANDA: Es ist noch nicht an der Zeit, darüber zu sprechen.

FRAGE: Sananda, ich sehe jetzt gerade links neben dir eine Lichtgestalt stehen. Wer ist dieses Lichtwesen?

SANANDA: Es ist die Göttliche Mutter – es ist Maria. Sie grüßt euer Herz mit all ihrer Liebe.

Was fühlt ihr bei diesem 12. Erd-Chakra?

REAKTION: Ein Haus mit tausend Wohnungen. Der Weihrauch und die Kloake – es ist alles zu spüren, was die Menschen dort leben ...

FRAGE: Wird es auf der Erde parallel zur fünften dann auch noch andere Dimensionen geben, zum Beispiel die dritte?

SANANDA: Auf der Erde nicht, nein.

FRAGE: Und alle Menschen gehen mit in diese neue Dimension, oder sie gehen nicht mit – da gibt es kein Entweder-oder?

SANANDA: Viele Menschen entscheiden sich gerade. Die Entscheidung geschieht bereits! Dieser Aufstieg läuft ja nicht nur auf der Erde ab, er läuft ja auch in euch ab. In euren Herzen, in jeder Zelle eures Körpers geschieht dieser Aufstieg.

Wenn eine Seele den Körper verlässt, ist das ebenfalls ein großer Aufstieg für diese Seele. Es ist nichts Negatives, wenn ein Mensch, der mitgehen will in die neue Dimension, zuvor seinen Körper verlässt. Auch das ist ein wundervoller Aufstieg! Viele Menschen entscheiden sich zurzeit dafür, ihren Körper zu verlassen.

FRAGE: Werden die Menschen, die sich für die fünfte Dimension entscheiden, dann nicht mehr den normalen Tod, diesen „Die-Seele-verlässt-den-Körper-Übergang" wählen? Gibt es in der fünften Dimension einen anderen Übergang - etwas Neues?

SANANDA: Das wird geschehen: Ihr spürt es selbst und ihr tragt diese Entscheidung mit, wann ihr aus eurem Körper gehen wollt.

Es ist eine andere Energie, die euch leitet und begleitet, die ihr aber auch in euch tragt.

Du bekommst dadurch Einsichten in völlig andere Ebenen.

Im nächsten Buch werden wir euch Mantren und Symbole geben, wie ihr euren Körper bewusst verlassen könnt und wie ihr bewusst wieder in ihn zurückkommen könnt.

FRAGE: Astralreisen?

SANANDA: Ja - aber auch, um es den Menschen zu erleichtern, ihren Körper wirklich zu verlassen.

FRAGE: Die Menschen können sich aber frei entscheiden, ob sie ihren Körper verlassen wollen, um ein anderes Seelenbewusstsein zu erleben?

SANANDA: Ja, natürlich. Sie müssen ja nicht gehen. Sie können sich entscheiden. Es ist wirklich ein völlig anderes Verhältnis zur Freiheit.

FRAGE: Aber um in diese Freiheit zu kommen, diesen Dimensionswechsel zu erleben - dafür muss sich ja jeder Mensch selbst entscheiden. Manche Menschen wissen doch aber gar nichts davon. Wie geht diese Entscheidung also vor sich? Kommt die mehr aus dem Kopf - dass ich jetzt sage, ja, ich möchte gerne, ganz egal, was passiert -, oder ist es eine Entscheidung, die im Herzen geschieht und sie wird den Menschen einfach präsentiert?

SANANDA: Es ist eine kollektive Entscheidung, und diese Entscheidung ist bereits in vollem Gange.
So viele Menschen wachen auf, so viele Menschen spüren, dass sie geleitet werden, und so viele Menschen spüren wieder ihr Herz!

Und jeder Mensch, der sich für das Herz - für sein Herz - öffnet, entscheidet sich automatisch für den Aufstieg.

ANTWORT: Aber es ist ja nicht so, dass wir uns nur einmal entscheiden. Wir entscheiden uns ja einmal so und morgen anders. Es sind immer wieder kleinere Entscheidungen, die uns oft auch im Nachhinein zweifeln lassen ...

SANANDA: Wenn du dein Herz lebst, wenn du im Kontakt mit deinem Herzen bist, wenn du die Liebe auf der Erde manifestierst - und das tust du ja bereits -, dann hast du dich auch bereits für diesen wundervollen Aufstieg entschieden.

FRAGE: Und das heißt für unsere Leser: Es können viele Dinge in ihrem Umfeld sein, die noch nicht in der Energie des Herzens sind - wenn sie sich aber immer wieder, auch stückchenweise, für eine Herz-Entscheidung öffnen, dann sagen sie damit ja?

SANANDA: Sie sagen damit ja! Und das ist die Liebe, das ist gemeint mit der Liebe zu euch selbst, zu eurem Körper, zu eurer Schönheit - zu eurer Vision auf der Erde. Das ist die Entscheidung, dass es geschehen wird!

FRAGE: Und wenn das Kollektiv-Bewusstsein so gestärkt ist von Menschen, die sich in Liebe entscheiden, dann werden sich auf einmal alle entscheiden für die Liebe - und jeder wird mitgenommen? Wir werden es alle schaffen dadurch, dass das Kollektiv-Bewusstsein uns alle tragen wird?

SANANDA: Ja! So wird es geschehen!

Das Kollektiv-Bewusstsein manifestiert sich durch euch. Und jeder von euch ist mit dem Kollektiv-Bewusstsein verbunden!

Diese Kraft entsteht dadurch, dass so viele Menschen in Liebe mit sich selbst sind. So wird in jedem Menschen, in jedem Lebewesen etwas verändert.

Und das ist die Liebe!

Immer mehr Menschen werden beginnen, ihr Herz neu zu fühlen, ihr Herz neu zu leben. Es geschieht ja auch durch diese wundervollen Lichtprodukte, die wir der Erde geben: Sie tragen bei zu dieser Veränderung, und alles ist dabei, sich zu verändern.

Jede Heilung, die stattfindet, ist eine Heilung im Kollektiv-Bewusstsein und dadurch für die ganze Erde und für alle Menschen.
Das ist das Wichtigste: dass alle Menschen sich wieder auf sich selbst besinnen.

Denn die Essenz von allem ist die Liebe.

Und das, was euch sicher allen bekannt ist, diese Geschichte, die immer wieder über mich erzählt wird, mit den fünf Broten und den zwei Fischen oder den fünf Fischen und den zwei Broten: Es geht um die Liebe - sie hat die Menschen damals satt gemacht, nicht das Essen!

Die Liebe nährt Millionen, nicht nur fünftausend.

Das ist eigentlich gemeint mit dieser Botschaft, die euch überall gelehrt wird: dass die Liebe die Menschen nährt. Und so wird es geschehen, immer mehr. Immer mehr Menschen spüren: Die beste Nahrung ist die Liebe.

ANTWORT: Als wenn die Liebe wie ein Tropfen ins Wasser fallen würde, und die Kreise gehen immer weiter und immer weiter, und die Liebe wird immer größer ...

SANANDA: ... immer größer - immer stärker ...

ANTWORT: ... und Liebe macht nicht dumpf, sondern frei!

SANANDA: Ja! Und das ist das Bewusstsein dieses 12. Chakras: die All-Liebe, diese Kraft, die davon ausgeht, und diese unendliche Schönheit ...

Und diese Kraft darf wahrhaftig in euch leben und durch euch leben.

ANTWORT: Immer tiefer, immer tiefer und immer tiefer ...

SANANDA: Ja!

FRAGE: Es ist so ein unglaubliches Erlebnis, wenn man sie real spürt, diese Freiheit - diese Freiheit von Angst, von Manipulation, von Enge ... bisher haben die Menschen ja nur wenig dafür getan, um sich diese Gnade zu verdienen. Was ist eigentlich geschehen mit den Menschen, dass gerade jetzt so viele so offen und so zugänglich sind für das Licht und das Herz?

SANANDA: Die Menschen wollen und können nicht mehr in dieser Angst leben.

FRAGE: Sie haben diese Angst, diese einengenden Barrieren so intensiv ausgekostet, dass es jetzt einfach nicht mehr geht - so, als wenn man sehr schlimmes Zahnweh hat, dass man es einfach nicht mehr aushält und zum Zahnarzt geht, obwohl man Angst vor ihm hat?

SANANDA: Ja!

Und so viele Menschen sind jetzt bereit, etwas Neues zu leben!

FRAGE: Also nicht nur aus dem Gefühl heraus, die Enge nicht mehr auszuhalten, sondern auch durch ihre Einsicht: Sie sehen, so kann es nicht mehr weitergehen, und wollen eine Änderung?

SANANDA: Ja! Es geschieht auch dadurch, dass wir aus der geistigen Welt uns so oft zeigen und überall zu den Menschen sprechen!

Wir lieben euch, und wir wollen wirklich, dass dieser Quantensprung in euch geschieht - in euch Menschen. Und das ist mit die größte Veränderung in eurem Kollektiv-Bewusstsein.

FRAGE: Das, was wir jetzt „Tod" nennen in der vierten Dimension, wird das durch diesen Quantensprung in die fünfte Dimension wesentlich leichter sein? Wird das ohne diese Schmerzen geschehen, die wir jetzt noch kennen bei manchen Sterbevorgängen?

SANANDA: Es kommt ein anderes Bewusstsein!

FRAGE: Das Bewusstsein, dass Sterben nicht Tod bedeutet, sondern einen Dimensionswechsel?

SANANDA: Ja! Es ist ein Fest! Ein Lichtfest!

FRAGE: Und ihr holt uns dann ab und zeigt uns den Weg?

SANANDA: Ja!

ANTWORT: Gut!

FRAGE: Ich habe noch eine Frage zum Wissen. Ich beschäftige mich intensiv mit Astrologie, sowohl mit der westlichen als auch mit der östlichen, der vedischen. Es gibt ja die zwölf Sternbilder. Kann man die vergleichen mit den zwölf Chakren? Fische als Zeichen der All-Liebe ist zum Beispiel das zwölfte Zeichen; kann man das dem zwölften Chakra zuordnen - und die anderen Sternzeichen ebenfalls entsprechend?

SANANDA: Du kannst sie zuordnen, ja.

FRAGE: Das wäre logisch und sinnvoll, speziell für die vedische Astrologie?

SANANDA: Das ist es.

FRAGE: Also ist Astrologie, wenn man sie richtig betreibt, überhaupt nicht banal, sondern wichtig?

SANANDA: Ja. Sehr wichtig!

ANTWORT: Für mich haben beide Lehren der Astrologie ihre Berechtigung, aber ich empfinde die vedische, alt-indische Astrologie als noch sehr viel tiefgehender.

SANANDA: Sie hat eine andere Kraft; sie geht tiefer und tiefer.

FRAGE: Es schadet aber nichts, wenn wir uns auch mit der westlichen Astrologie beschäftigen?

SANANDA: Das wirklich Wichtige ist, dass ihr euch erkennt in eurer Kraft, in eurem Herzen - und dass ihr das Ja zu eurem Leben sprecht.

Dort, wo ein Herz geöffnet ist, bin ich in ihm.

Das Bewusstsein von Sananda ist mit euch, und er erkennt eure Schönheit, eure Vision des Herzens, und er erkennt die Liebe in jedem Atemzug von euch.

Ihr seid das Licht der Welt.

Sananda ist mit euch.

Meine geliebten Kinder des Lichts, das Bewusstsein von Erzengel Michael ist mit euch.

Erzengel Michael möchte euch die Themen für das dritte Buch „Gespräche mit Erzengel Michael" durchgeben:

Es geht um das Bewusstsein von Pflanzen, Tieren und Steinen.

Es geht um das Bewusstsein von Dimensions-Toren.

Es geht um Mantren und Symbole für den Aufstieg.

Es geht um das Bewusstsein der Meister, der Erzengel und der Engel.

Es geht um die 7 Seelenländer - sie werden noch viel tiefer beschrieben, um eine noch viel tiefere Verbindung dorthin zu bekommen.

Ich werde die 10 Gebote entschlüsseln - so, wie sie wirklich gegeben wurden, was sie tatsächlich beinhalten und wie ihr sie in dieser Zeit leben könnt.

Und es geht um Ernährung.

Anhang

Wort-Erklärungen

Akasha-Chronik
Geistige Bibliothek, in der alle vergangenen, zukünftigen und das aktuelle Leben gespeichert sind.

Astralreisen
Außerkörperliche Erfahrungen, die wir machen können.

Bovie (Mehrzahl Bovies)
Messbare Energie-Einheiten, genannt nach dem Physiker Bovie.

Chakra (Mehrzahl Chakren)
Chakren sind Energie- und Bewusstseinszentren, die sich in der menschlichen Aura zeigen. Sie durchstrahlen den Körper und beeinflussen Organfunktionen, Kreislauf, Hormontätigkeit, Emotionen und Gedanken.

Die zwölf Chakren, von denen hier die Rede ist, entsprechen den zwölf Seelen-Anteilen und den zwölf Strängen der DNS.

1. Chakra:	Quelle von Leidenschaften, Überlebensenergie, materieller Energie zur Erfüllung der Lebensaufgabe, Lebenswille.
2. Chakra:	Quelle von Gefühlen, kreativer Energie, Lebensfreude, Schwangerschafts- und Geburtsvorgängen.
3. Chakra:	Quelle für Kraft und psychische Energie, Urteile, Meinungen, Überzeugungen, Gedankenformen, intellektuelles Verständnis, Unterscheidungsvermögen, Gefühlsbalance.
4. Chakra:	Quelle der Heilenergie, allumfassender Liebe, Menschlichkeit, Mitgefühl, Zuneigung und Geborgenheit.
5. Chakra:	Quelle von Wahrheit, Inspiration, Unabhängigkeit, Kommunikation, mentaler Energie.
6. Chakra:	Quelle der Intuition, Weisheit, Einsicht, Fantasie, übersinnlicher Wahrnehmung.
7. Chakra:	Quelle von göttlichem Bewußtsein, Spiritualität, Selbstverwirklichung, Erleuchtung.
8. Chakra:	Quelle der Dankbarkeit, des Urvertrauens und der Demut.
9. Chakra:	Quelle von bedingungsloser Liebe zu allem, was uns begegnet, Quelle der Einheit.
10. Chakra:	Quelle der Egoüberwindung.
11. Chakra:	Quelle der Angstüberwindung.
12. Chakra:	Quelle des Christus-Bewusstseins.

Die Chakren des Menschen

Chakra	Lage	Farbe	Drüsen
1. Wurzel-Chakra	Steißbein	Rot	Nebennieren
2. Sexual-Chakra	Haaransatz des Schambeins	Orange	Keimdrüsen
3. Solarplexus-Chakra	Nabel- und Magenbereich	Gelb	Bauch-speicheldrüse
4. Herz-Chakra	Herz	Grün	Thymusdrüse
5. Hals-Chakra	Kehlkopfbereich	helles Blau	Schilddrüse
6. Stirn-Chakra	zwischen den Augenbrauen	Indigo-Blau	Hypophyse, drittes Auge
7. Kronen-Chakra	Schädeldecke	Gold, Violett, Weiß	Epiphyse
8. Vertrauens-Chakra	ca. 30 cm über dem Kopf	Gold, Violett, Weiß	
9. Einheits-Chakra	ca. 60 cm über dem Kopf	helles Violett	
10. Chakra der Egoüberwindung	ca. 90 cm über dem Kopf	helles Blau	
11. Chakra der Angstüberwindung	ca. 1,20 m über dem Kopf	tiefes dunkles Grün	
12. Christus-Chakra	ca. 1,50 m über dem Kopf	sehr tiefes Violett	

Die Chakren der Erde in der fünften Dimension

Erd-Chakra	Lage	ist geöffnet zu
1. Erd-Chakra	in Neuseeland	50 Prozent
2. Erd-Chakra	auf den Kanarischen Inseln	30 Prozent
3. Erd-Chakra	in Peru	75 Prozent
4. Erd-Chakra	auf Bali	50 Prozent
5. Erd-Chakra	in Santa Fé / New Mexico	70 Prozent
6. Erd-Chakra	auf Hawaii	30 Prozent
7. Erd-Chakra	auf den Bahamas	95 Prozent
8. Erd-Chakra	in Brasilien	45 Prozent
9. Erd-Chakra	in der Schweiz	95 Prozent
10. Erd-Chakra	in Thailand	75 Prozent
11. Erd-Chakra	in Nepal	35 Prozent
12. Erd-Chakra	in Indien	85 Prozent

Stand Dezember 2003

Deva (Mehrzahl: Devas)
Göttliche Wesen, die zum Schutz da sind. Alles, was schwingt auf der Erde, hat auch Devas, z.B. Autodevas, Wasserdevas, Brunnendevas. Auch Menschen haben Devas um sich herum, die ihr ganzes Wesen schützen. (Erzengel Michael)

Dimensions-Tore
Tore, um Dimensionen, die alle gleichzeitig existieren, wieder ins Bewusstsein zu rufen. Über die Dimensions-Tore könnt ihr in Seelenländer reisen. (Erzengel Michael)

Inkarnation
Das Wiedererwachen der Seele in der Materie.
(Erzengel Michael)

Lichtkörper-Prozess
12-monatiger Prozess, bei dem alle vier Wochen ein Chakra energetisch gereinigt, vertikalisiert und harmonisiert wird. Somit werden die Energie-Körper des Menschen in eine höhere Schwingungsebene gebracht.

Mantra (Mehrzahl: Mantren)
Wort, das eine ganz starke Schwingung hat.

Vedische Astrologie
Die vedische Astrologie, auch jyotish (=licht) genannt, ist die traditionelle Astrologie Indiens und seiner tiefgründigen jyotischen Kultur. Sie ermöglicht präzise Voraussetzungen und die Deutung aller Vorgänge des Lebens, und sie enthüllt die Geheimnisse des Karmas und des Schicksals.
(Chakrapani Ullal, weltberühmter vedischer Astrologe)

Deutungsgrundlage der vedischen Astrologie sind die Fixsterne. Im Gegensatz hierzu orientiert sich die westliche Astrologie an der Sonnenbahn.

Über den Autor Natara

Natara Jörg Loskant-Heim ist gelernter Physiotherapeut, mit Zusatz-ausbildungen wie Osteopathie, Craniosakral-Therapie, Shiatsu, und wirkt seit 1998 als Botschafter von Erzengel Michael und der geistigen Welt.

Mit dieser Kraft gründete er das Unternehmen Kamasha, das lichtvolle Essenzen, Bücher u.a. Produkte herausbringt. Mit seinen Seminaren und Ausbildungen bringt Natara die Menschen in Kontakt mit der Heilkraft des eigenen Herzens.

Kamasha Therapie- und Ausbildungsinstitut

Um die Vision der Herzensarbeit zu manifestieren, gründete Natara Jörg Loskant-Heim im Jahre 2002 das Kamasha Therapie- und Ausbildungsinstitut (TAI). Natara bereiste zunächst ganz Deutschland. Geleitet und inspiriert von Erzengel Michael folgten schnell Reisen rund um den Globus, um die Kamasha-Vision bekannt zu machen.

Seminare und Ausbildungen bei Natara sind eine außergewöhnliche Gelegenheit für tiefe Wandlungen. Nataras »Röntgen«-Blick dringt bis zu den Wurzeln eines körperlichen oder seelischen Konfliktes durch und schafft somit die Basis für eine erfolgreiche Transformation. Bei zahlreichen Menschen, die als »austherapiert« galten oder von der klassischen Medizin aufgegeben wurden, hat dieser neue Ansatz bereits viele Wunder bewirkt.

Bei Interesse an Ausbildungen und Events wende dich bitte an:

Kamasha Therapie- und Ausbildungsinstitut
Dietershaner Str. 29
36039 Fulda
Tel.: +49(0)661 38 00 02 38
Fax: +49(0)661 38 00 02 49
E-Mail: tai@online.de
www.kamasha.de

Gespräche mit Erzengel Michael, Band 1
ISBN 978-3-936767-00-1

Erzengel Michael spricht zu einer kleinen Gruppe von Menschen, die sich zu regelmäßigen Treffen zusammen- gefunden hat, und beantwortet ihre Fragen.

Das Licht, die Liebe und die Fürsorge der geistigen Welt sind hierbei für jeden wahrnehmbar und in dem ganzen Buch zu spüren. So kann das Buch den Leser zu Erkennt- nissen, Frieden und Licht führen.

Themengebiete des Buches sind: unser Bewusstsein vor unserer Geburt, das Bewusstsein der Menschen, die vom Indigostrahl sind, spirituelle Einweihungen, die der Mensch in Laufe seines Lebens erfährt, Karma, ein gesunder Umgang mit Sexualität und Liebe, Heilung von sexuellem Missbrauch und der Aufstieg der Erde.

Gespräche mit Erzengel Michael, Band 3
ISBN 978-3-936767-02-5

Die Zehn Gebote, so wie sie von Moses vermittelt wurden, waren eigentlich zehn Einweihungen, die den Menschen bei der Wiederentdeckung ihrer Göttlichkeit halfen.

Neben Erzengel Michael und Maria sprechen auch der Meister Babaji und Franz von Assisi. Babaji beschreibt die Notwendigkeit, das Wissen der geistigen Welt zu verbreiten, und Franz von Assisi erzählt uns in seiner herzlichen und liebevollen Art vom Bewusstsein der Tiere. Die Aussage dieses Buches ist Liebe. Sie durchströmt alle Zeilen und Leerzeilen und ist für jeden zu spüren, der sich ihr öffnet.

Einige Kapitel gibt es auch als Hörbuch:
ISBN 978-3-936767-82-7

Gespräche mit Erzengel Michael, Band 4

ISBN 978-3-936767-03-2

In diesem Band beglücken uns die Engel und Meister mit dem Wissen der Erleuchtung. Wir erfahren Samadhi, erhalten einen Zugang zur eigenen Seelenkraft, zur eigenen Klarheit und zur Verwirklichung der göttlichen Vision auf Erden. Es geht um Achtsamkeit, die Kraft der Liebe, heilende Präsenz, Loslassen und Vertrauen.

Maria und Erzengel Michael berühren uns mit dem Wissen um erfüllende Beziehungen: Die Beziehung zu sich selbst, zu Gott und zu einem Partner. Die Hintergründe der Vogelgrippe erklärt uns Franz von Assisi. Das Buch ist energetisch so aufgeladen, dass du die Kraft und Liebe der Aussagen wahrnehmen kannst.

Gespräche mit Erzengel Michael, Band 5

ISBN 978-3-936767-04-9

Unser bisheriges Astrologiesystem orientiert sich an den Sternzeichen. Jetzt erfahren wir hier eine ganz neue und hilfreiche Methode, mehr über unser Selbst und unsere Liebe zu erfahren - die Engelsastrologie. Diese Astrologie beschreibt 13 Zeitfenster, über die jeweils Engel und Meister des Lichts wachen.

Diese melden sich und beschreiben, was die Menschen, die in einer bestimmten Zeitphase geboren oder gezeugt wurden, berührt, was sie stärkt und worauf sie bei sich besonders achten sollten.

Botschaften von: Hildegard von Bingen, Lady Diana, Erzengel Raphael, Shiva, Shakti, Krishna, Saint Germain, Lady Gaya, El Morya, Erzengel Michael ...

Gespräche mit Erzengel Michael, Band 6

ISBN 978-3-936767-05-6

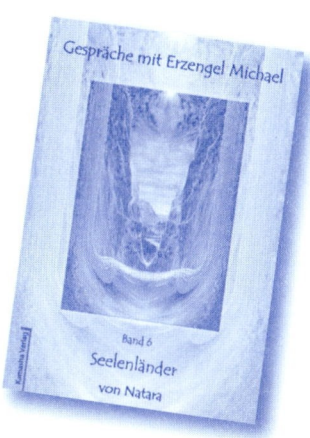

Themenauswahl:
Die 7 Seelenländer: Orion, Plejaden, Sirius, Elfen- und
Feenland, Regenbogenland, Lemuria, Wal- und
Delphinland.

Lemuria, Wal- und Delphinland: Was verbirgt sich hinter diesen Begriffen?
In diesem Band der Buchreihe sprechen durch Natara
die Königinnen und Könige der einzelnen Seelenländer.
Die Leser erfahren, was in ihrem Ursprungsland eigen
ist; denn jedes Land hat seine eigenen Einweihungen,
Schönheiten und Segnungen.

Der Leser erfährt viel über sich selbst und lernt die
ganze Weisheit des Kosmos und seines eigenen
Ursprungs in sich zu sehen.

Gespräche mit Erzengel Michael, Band 7

ISBN 978-3-936767-06-3

In Band 7 der Bestseller-Reihe „Gespräche mit Erzengel Michael" spricht Erzengel Michael unter anderem über die Entwicklung der Geldenergie, gibt eine Vorschau auf die gesellschaftlichen Veränderungen bis zum Jahr 2012 und informiert über die jetzt so wichtige Göttinnen-Kraft in jeder Frau.

Erzengel Michael bezeichnet Band 7 als Einweihungs-buch. Denn das Buch enthält viele praktische Techniken, um Armutsgelübde, Schuldgefühle oder Blockaden im Fluss der Kundalini-Energie zu erlösen.

Michael hilft uns, auf dem Weg zur göttlichen Voll-endung vorwärts zu gehen, indem er uns dazu anleitet, den Kontakt zu unserem höheren Selbst wieder vollstän-dig herzustellen.

Jatara

ymbole und Mantren für den Aufstieg

as Arbeitsbuch

eser Kamasha-Bestseller ist mittlerweile in englisch, anisch und russisch erhältlich, allein in Russland wurde in kurzer Zeit schon über 20.000 Mal verkauft. Mit esem Buch machte Erzengel Michael den Anfang für e gesamte Produktserie. Es enthält ausführliche Erklängen und deutliche Darstellungen jedes Symbols und des Mantras und bildet die Basis für ein wirkungsvolles beiten mit diesem lichtvollen Material.

ngbuch, 120 Seiten
3N: 978-3-936767-13-1
t-Nr. B-011
JR 21,00 [D], 22,00 [A]

Jatara

ymbole und Mantren für den Augenblick

Die Symbole und Mantren im Taschenformat für unterwegs. Ob zu Besuch bei Freunden oder Verwandten, ob Häuser gesegnet oder Seelen ins Licht gebracht werden sollen – für viele Lebenssituationen geben die Symbole und Mantren Hilfe.
DIN A6 (in Pappschachtel)

ISBN: 978-3-936767-15-5
Art-Nr. B-012
EUR 12,90 [D], 14,00 [A]

Die Kamasha-Chakren-Essenzen zu den Symbolen und Mantren

Die Kamasha-Chakren-Essenzen sind zusammen mit dem Arbeitsbuch „Symbole und Mantren für den Aufstieg" entstanden. Die ersten 18 Essenzen entsprechen den 18 Mantren & Symbolen. Durch das Seminar „Lichtkörperprozess", das Natara mittlerweile bis zum 36. Chakra anbietet, sind noch weitere Chakren-Essenzen hinzugekommen.

1. Chakra: Aravi, Art-Nr. G-201-20
2. Chakra: Ralaya, Art-Nr. G-202-20
3. Chakra: Karana, Art-Nr. G-203-20
4. Chakra: Amrila, Art-Nr. G-204-20
5. Chakra: Amyaka, Art-Nr. G-205-20
6. Chakra: Svahaya, Art-Nr. G-206-20
7. Chakra: Varila, Art-Nr. G-207-20
8. Chakra: Ashana, Art-Nr. G-208-20
9. Chakra: Talama, Art-Nr. G-209-20
10. Chakra: Malika, Art-Nr. G-210-20
11. Chakra: Tayana, Art-Nr. G-211-20
12. Chakra: Mayaka, Art-Nr. G-212-20
13. Chakra: Saikala, Art-Nr. G-213-20
14. Chakra: Mahyra, Art-Nr. G-214-20
15. Chakra: Dayala, Art-Nr. G-215-20
16. Chakra: Nytala, Art-Nr. G-216-20
17. Chakra: Yashana, Art-Nr. G-217-20
18. Chakra: Vashala, Art-Nr. G-218-20

19. Chakra: Göttliche Liebe, Art-Nr. G-219-20
20. Chakra: Göttliche Vereinigung, Art-Nr. G-220-20
21. Chakra: Göttliche Gemeinschaft, Art-Nr. G-221-20
22. Chakra: Göttliche Vollkommenheit, Art-Nr. G-222-20
23. Chakra: Göttliches Selbst, Art-Nr. G-223-20
24. Chakra: Göttliche Vollendung, Art-Nr. G-224-20
Essenz Jade Chakra, Art-Nr. G-237-20

25. Chakra: Göttliche Verneigung, Art-Nr. G-225-20
26. Chakra: Die Göttliche Ehre, Art-Nr. G-226-20
27. Chakra: Göttliches Feuer, Art-Nr. G-227-20
28. Chakra: Göttliche Spuren, Art-Nr. G-228-20
29. Chakra: Göttliches Gold, Art-Nr. G-229-20
30. Chakra: Die Göttliche Botschaft, Art-Nr. G-230-20
31. Chakra: Göttliches Handeln, Art-Nr. G-231-20
32. Chakra: Die Göttliche Kunst, Art-Nr. G-232-20
33. Chakra: Göttliches Wunder, Art-Nr. G-233-20
34. Chakra: Göttliches Fest, Art-Nr. G-234-20
35. Chakra: Göttliche Ausdehnung, Art-Nr. G-235-20
36. Chakra: Göttliche Macht, Art-Nr. G-236-20

20 ml
EUR 18,00 [DE]
100 ml entspricht EUR 90,
EUR 18,90 [AT]
100 ml entspricht EUR 94,

Oronos – Fülle aus dem Quantenfeld
Das Beste aus drei „Fülle-Seminaren"

In diesem zauberhaften Buch gibt uns Oronos sehr wichtige Anleitungen und Übungen über die gesamte Fülle in unserem Leben.
Oronos ist ein Meister und Wächter des Quantenfeldes, der in drei Fülle-Workshops das Fülle-Wissen aus dem Quantenfeld für uns Menschen manifestiert hat. Ein Buch, das in dieser Zeit sehr wichtig ist, um den kollektiven Mangel abzulegen und in die eigene Schöpferkraft zu gehen.

Art-Nr. B-067, EUR 21,00 [DE], EUR 21,60 [AT]

Jahresessenz 2013 „Neue Dimensionen"

Diese Essenz öffnet dich für neue Dimensionen in deinem Leben. Du hast dich ganz bewusst in dieser Zeit inkarniert, um in dieser Zeitenwende 2012 dabei zu sein. Nach dem Jahr 2012 beginnt eine neue Zeitreise in deinem Leben. Du erfährst eine noch nie da gewesene Klarheit und Liebe für dich und alle Lebewesen. Alles kann sich verändern in deinem Leben, wenn du bereit dazu bist. Komm und feiere dein Leben in einer neuen Dimension.

Art-Nr. G-340-20, 20 ml, EUR 18,00 [DE], EUR 18,90 [AT]

Oronos-CD Göttliche Spuren
Lieder aus dem Quantenfeld

Wir sind sehr glücklich, euch diese wunderbare neue CD „Göttliche Spuren" vorzustellen. Ein Chor und viele wundervolle Musiker machen diese CD zu einem einzigartigen Klangerlebnis. Die Musik und Texte bringen die Menschen, Tiere und Pflanzen in ein Feld der „Intelligenten Liebesschwingung". Die CD kann zu großartigen Heilsitzungen genutzt werden.

Art-Nr. K-245, EUR 19,80 [DE], EUR 21,00 [AT]

CD „Seelenpartner"

Sandra und Natara haben ihre wundervollen Stimmen mit Gesang genutzt und das Lied Seelenpartner im Tonstudio eingespielt. Herausgekommen ist die Band „Liebesbrief". Diese wundervolle Maxi-CD ist ein Aufruf an alle, wieder Liebesbriefe zu verschenken.

Spieldauer: ca. 14 min.
DE 6,99 Euro
AT 7,50 Euro
Art-Nr. K-248

Die neue Oronos CD: „Heilen mit dem OM"

Oronos singt 36 Minuten das Quantenfeld OM und dann 36 Minuten das OM Shanti Shanti Shanti.
Ein Reise durch alle Universen und wenn Du sie zu Heilsitzungen nutzt, dann können noch viel mehr Wunder geschehen, natürlich auch für Dich.
Bitte nicht beim Autofahren hören!!!

ISBN: 978-3-936767-87-2
Spieldauer: ca. 72 min.
DE 19,80 Euro
AT 20,80 Euro
Art-Nr. K-249

Alle Kamasha Produkte können hier bezogen werden:

Kamasha Versandhandel GmbH, Dietershaner Str. 29, 36039 Fulda
Tel.: +49(0)661 38 00 02 40, Fax: +49(0)661 38 00 02 49
E-Mail: love@kamasha.de, www.kamasha.de